新

子どもと生活

〈編著〉
谷田貝公昭
大沢　裕

まえがき

　もう20年も前のことである。東京近郊のJR駅のホームで、夜の10時近くになろうとしているのに、ランドセルを背負いながら鬼ごっこをしている数人の小学生を見かけた。それは自分の子ども時代には経験しないような出来事であり、軽いショックを受けた。あとで良く考えてみると、恐らく子どもたちは学校帰りにそのまま塾に行き、帰りの電車を待つ束の間のひとときに遊びを興じていたのだろう。子どもにとっても随分受難の時代になったものだと実感した瞬間だった。

　近年では、インターネットの普及、スマートフォンやタブレットの普及により、子どもの生活は、さらに加速度的に変化してきている。そのことは誰しもが実感していることであろう。

　ただし子どもの生活は、変化する面ばかりではなく、遊びを中心とした活動、単純・無邪気な心情の発現など、時代に左右されない、変わらない不易の面もある。本書ではこの子どもの生活の、変化と不易のどちらについても取り扱っている。

　また子どもの生活と言っても、成人するまでの幅広い年齢段階が想定できる。特に本書では、乳幼児及び小学生の子どもたちの生活に重点を置いて解説している。

　本書は、保育者、あるいは保育者に目指す者、あるいは教職希望者が子どもの生活全般を学ぶために企画されたものである。保育士養成課程、幼小中高の教職課程の授業のテキストとして用いることができるよう、

内容の構成に工夫を加えてある。

　各章の執筆者は、高等教育機関の一員として日々教鞭を取っている優れたスタッフばかりである。ご執筆頂いた先生方の熱き思いが伝わることができれば、幸いである。本書に不備があるとすれば、ひとえに編者の力不足のゆえに他ならない。今後のために、どうか積極的なご批判・提案を頂きたい。

　本書の刊行にあたり、一藝社の菊池公男会長は全体を統括するのみならず、直接編集作業を担い、老練なる技を披瀝して下さった。また小野道子社長はいつもながらの傑出した手腕を発揮し、関係者と連絡を密にとりつつ、まさに奔走・尽力して頂いた。会社のスタッフは、本書の刊行のために最善を尽くしてくれた。関係の皆さまに、心から感謝の意を表したい。

　編者としては、本書の発刊がより良き保育・教育、そして子どもの望ましい未来のために少しでも貢献するものであれば、これ勝る幸せはない。

2020 年 2 月 10 日　編著者

もくじ

編集協力――根本眞一

装丁――松田晴夫

1章
子どもの生活

1．子どもの生活とは

1　生活の概念

　「子どもの生活」と一言でいっても、その意味するところは様々である。大きな意味での子どもの生活は、子どもが生き、暮らすこと、それ自体を指す。このために、学校における諸々の活動も生活の一部に含まれることになる。しかししばしば、学校における活動の範囲外のものを生活と称することがある。さらには、小学校の低学年の教科の一つに生活科がある。一般には「生活」と呼ばれ、学校で学習するものと、学校外で子どもが体験するものとの結びつきが強く求められる教科である。しかし良く考えてみると、「生活」という名称の教科があること自体、実は、学校における子どもの活動が学校外の子どもの暮らしと必ずしも同質ではないことを示唆するもの、という見方も可能である。

　大きな意味での子どもの生活は、人間独自の生活である。子ども自身は生れたときから、人間としての素質をもって生活していくのである。確かに生れたばかりの子どもは、理性を発揮する存在とは言えない。その意味では、子どもは、動物に近い存在と見ることもできるかもしれない。しかし乳児は生後間もなくして、母親に笑顔を見せ始める。そうした微笑みは、動物にはない、紛れもない人間独自の特徴なのである。

　人間学的には、動物とは違う人間の特徴は、直立姿勢、文字の使用、道具の使用、表象力の活用と言われる。人間としての生活は、これらの特徴に基づく活動である。そしてこうした特徴は、子どもの誕生のときから完成されて備わっているものではなく、子どもが次第に成長するとともに身につけていくものである。

　つまりは人間は確かに生れたときから、他の動物とは異なった生活を

するのであるが、子どもは人間独自の特徴をますます発揮させる形で生活し、成長していくのである。

2　個性は人間独自の特徴

　人間が他の動物とは違う存在であることは、「個性」という面から説明することもできる。

　同じ種の動物であっても個体差が見られることは、紛れもない事実である。しかしその動物の個体差は、主として生まれながらの素質によって決定づけられている。彼らは専ら、生まれながらの本能によって突き動かされて自らの生活を展開する。

　しかし人間は、本能を持ち合わせていても、本能が人間を支配する範囲は決して広くはない。本能よりも、人間は誕生後、何を経験するかによって、その後の、辿っていく道筋が大きく変わっていくのである。人間の生活は環境からどのような影響を受けるかにより左右され変化する。そこに人間が著しく個性化される秘密が潜んでいるのである。

　人間は、環境の影響として様々な刺激を受け、自身の活動・行動を変化させて行く。それが、広い意味での学習である。もちろんその学習とは、机に向かい本を開き学んでいる状態を指すのではない。環境の刺激に対して、自身の反応の仕方が適切になるよう変化させ、環境に対して、それに相応しい生き方へと自身を変えていくことが、広い意味での学習である。つまり人間は、学習するからこそ、自身の生活を著しく個性的なものにし、言わば、生活を個性化していくのである。

　もちろんこうした個性化は、ただ漫然と待つだけでは実現するものではない。個性として発現するはずの素質を持ち合わせていても、それが十全に開花していくためには、それに必要な環境の影響、刺激を受けることが不可欠である。そしてそれには、自然環境よりも文化環境が大きな役割を演じていく。自然と文化の区分とは別に、環境を人的なもの、

物的なものに分ける区分もある。自然環境や物的環境も確かに子どもに何らかの影響を及ぼすことができる。しかし人間の個性化に向けて一層強く影響を与えるのは、文化的環境であり、人的環境である。

子どもは、文化の中にあり、文化の中で生きることによって、また様々な人々に出会い、その社会の中で生活することによって、ますます自身を個性化させ、人間らしさの特徴を発現していくのである。

3　理念としての人間生活の特徴

さらに言えば、人間の究極の特徴、理念としての人間の証、それは、精神性にあり、自己中心的欲望を断念し、自身の利益を顧みず、他のもののために貢献する力を持つことにある。逆に言えば、自己中心的欲望を満たすだけの生活では、根本においては、動物の生活と何ら変わらない、ということになる。

乳幼児までの子どもたち、彼らは、主として感覚・五感に依存して自身の生活を展開していく。乳幼児期の子どもたちの生活の基準となりうるものは、快・不快である。子どもは不快なものを避け、快いものを選択する。例えば、子どもが遊ぶのは、その活動が楽しく心地よいからである。不快であると感じたとたん、幼児はその活動を中断することになる。子どもの遊戯を維持するためには、楽しさ、快の感情を持続させることが重要になる。

ところで今述べたことだけに焦点を絞ると、人間の究極の特徴としての精神性、他者中心的生き方は、乳幼児期の生き方から、最も遠いところにあるように見える。しかし実は、必ずしもそれは適切な子どもの見方ではない。福音書にも「赤子のようでなければ、天国に入ることはできない。」という言葉がある。乳幼児の純真さ、無邪気さ、単純さは、精神性、他者中心的生き方に最も近いものなのである。その徴証は、先に述べた、乳児の純真な笑顔の中に現れている。

　ところが人間は生活し成長していくに従って、自らの純粋さを忘れ、自己本位の特徴を露わにしていく。したがって、人間的な生活、生き方を乳幼児のうちから維持しようとすれば、いかに純粋さ、純真さ、無垢さを保持するか、守っていくかにかかっている、ということになる。最も純粋である子どもは、実は、最も完成された大人が目指す心の状態を既に中にもっているのである。言わば、人間が誕生したときの生活と、人間が最も完成された生活の姿は、実態とそれを映し出す鏡の映像のように、近似しているものなのである。

2．子どもの生活の歴史

1　欧米の場合

　古代ギリシア・ローマにおいては、子どもは、物同然に売り買いされ、生殺与奪の権利も、親に与えられていた。子どもにとって、この時代は、暗黒時代であったと言っても良いであろう。子どもの生活は、現在では考えられないような悲惨な状況に置かれていた。

　中世においても、子どもの生活は、十分な保護を受けたものであるとは言えなかった。アリエス (Philippe Ariès, 1914 ～ 1984) によれば、中世においては、子ども時代というものは認識されていなかった。子どもは、未熟な大人、完成されていないヒトであり、極端に言えば、未だ人間とはなっていない生物として扱われていた。子どもに対して、過酷な労働生活が平然と強要されたり、あるいは体罰が行使されたりすることも当り前であったのは、そのためである。

　ところが近代に入り、ルソー（Jean-Jacques Rousseau,1712 ～ 1778）は、子どもの生活には独自性があること、実はそれは、大人がしばしば忘却

してしまった世界であったことを指摘し、世間に大きな反響を巻き起こした。子どもは、大人よりも価値のない存在ではなく、子どもには子ども独自の世界・生活があり、決して軽んぜられるべきものではないことを、改めて披瀝して見せたのである。

　さらに世界で初めて幼稚園を創設したフレーベル（Friedrich Wilhelm August Fröbel, 1782 ～ 1852）は、子どもは遊戯をする存在であり、子どもには神性が宿っていると考えていた。ここから彼の幼児教育観も導かれた。神性を帯びた子ども自身の中には悪の根拠はない。子どもが悪しき生活を送るとすれば、その悪は他の人間、大人が悪を子どもに植えつけた、ということになる。フレーベルの子ども観、すなわち、子ども自身が神性を帯びているという見方は、大人は子どもの生活に対して注意深く見守るべきである、という主張、見方に結びついていった。

2　わが国の子ども観

　わが国においても、近世まで、子どもは未熟な存在と見なされていた。そして早期から大人を模倣し、大人のようにふるまうことが優秀な子どもと見なされることも多かった。また子どもは親が所有する所有物で、その生殺与奪の権利は親にあると考えられる傾向も少なくなかった。縁起でもないが、「親子心中」が日本独自の文化と言われるのも、子は親の所有物であるという考えを象徴的に示したものである。

　しかしそれとは全く逆行するように、古くから民衆の間では、「7つ前は神のうち」という信仰に近いものが存在し、子どもの振る舞いは、神の行いに近いものとする子ども観があったとの報告もある。この子ども観の真偽は議論されているが、いずれにしても、子どもの生活の実態としては、彼らを守る法が整備されていなかったこともあり、子どもの権利が正当に保護されることは極めて稀なことであった。

3　権利主体としての子どもの生活

　第二次世界大戦後、人権に対する意識が高まるとともに、児童、子どもの権利に対する意識も次第に高められるようになった。戦後間もなく公布された児童憲章はその一端である。また「子どもの権利に関する条約」も、わが国において 1994 年に批准されることになった。

　しかし子どもの権利が主張されるという喜ばしい事態が生じた一方、権利には常に義務が伴うものであることは忘却されがちであった。もちろん子どもに対して、大人と同じ義務を課す必要もあるはずはないが、子どもはその権利を自己の欲望実現のために担保するのではなく、自身がより良く、より望ましく生きるために、その権利を行使すべきなのである。

　昨今では、子ども時代、子ども期は守られるべきであると、当然のように議論されている。しかし過度の早教育、英才教育、受験準備、多くの学習時間の負担により、子ども時代、子ども期においてなされるべき貴重かつ重要な経験が、必ずしも十分に確保されていない生活の実態が、様々な形で露わになっている。

3　変貌する子どもの生活スタイル

1　現代の子どもの生活スタイル

　現在、環境問題として、二酸化炭素の過多、温暖化、紫外線の増加など、様々な環境の影響が子どもの生活に影響を及ぼしている。夏になれば、35 度以上の猛暑が続くこともある。そうしたこともあり、子ども

の過ごす室内にあっては、エアコンの使用が前提になっている場合が多い。これは、子どもの体温調整機能の発達にとって、マイナスの影響を及ぼすと考えられている。

　情報化社会の到来に伴い、スマホ、タブレット等、子どもの周りに情報機器があふれかえり、ネット情報が子どもの身近になっている。彼らは、乳幼児期のかなり早いうちからその刺激を受けることになる。またネット犯罪に巻き込まれる可能性も指摘されている。

　更に子どもたちは、事故、誘拐、性犯罪に巻き込まれる危険性もあり、彼らは、虐待の被害者になりうる状況にある。

　共働きではないと生活できない世帯が増加し、ひとり親の家庭も珍しくない。また労働環境の過酷化により、父親や母親の帰宅時間が深夜に及び、それが子どもの就寝時間に影響を及ぼしている。

　かつては、がき大将文化がわが国には存在していたが、そうした異年齢の子どもたちのグループが解体し、消失してから随分の年月が過ぎ去った。幼稚園や小学校以上のクラスが同年齢で構成され、かつまた家庭内でもきょうだい数が少なくなることで、異年齢の子どもたちが交流する機会が少なくなってきている。

　このようなこともあり、年長の子どもたちから年少の子どもたちに遊びが伝承される機会も、めっきり減少した。情報が全国的に一斉に配信されるシステムにより、地域の中での子どもの活動は個性化されるよりは、平準化されつつあるのが現状なのである。

　都市化、マンションなどの増加により、子どもが一人で庭で遊ぶことも困難になり、大人が観ていない状況で、子どもが自由に遊ぶことのできる空間・場所も少なくなっている。それなりに公園の整備も進んでいるが、そこでは、子どもなりの冒険をするような空間となってはいないのが実状である。就学前施設においても、子どもたちは、外遊びよりも室内で遊ぶ傾向が強くなっていることが指摘されている。

　観光客のみならず、外国人の労働者の流入により、かつてよりも、外

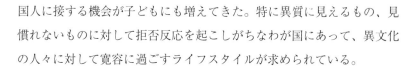

国人に接する機会が子どもにも増えてきた。特に異質に見えるもの、見慣れないものに対して拒否反応を起こしがちなわが国にあって、異文化の人々に対して寛容に過ごすライフスタイルが求められている。

2　新たな子どもの姿と予測できない未来の生活

かつては、子どもの生活、子どもの生き方は大人にとって理解・予想できる範囲にあった。しかし現在、子どもは、大人が理解し難い世界を築きつつある。友達の家にいっても、お互い会話をしないまま一つの画面を見入りゲームをする子どもたちの姿は、大人にとって理解し難い光景のうちの一つである。

また30年以上前には、自閉症スペクトラム障害、学習障害 (LD) 等は、教育関係者でさえも、十分に知られている障害ではなかった。

保護者ばかりでなく、教師にとって、また大人にとって、自信をもって導きうる方向性を見出せない未来が待ち受けている。AIの台頭に象徴されるように、近い将来、社会がどう変化するのか、予測がつかない時代が到来し、それが子どもの生活に対する働きかけに対して、底知れぬ不安を与えつつある。子どもの未来はおろか、大人自身の少し先の未来さえも、確固としたイメージをもつことができない事態となっている。

このようなこともあり、大人たちの生活は、将来に対して考えるのを止め短絡的に過ごすか、あるいは逆に狭く自分の方向性を決め殻にこもるのか、その両極に生活スタイルが収斂されつつあるように見える。それは—必ずしも意図したものではないであろうが—様々な望ましくない影響を、子どもの生活に与えているのである。

【引用・参考文献】
ルソー『エミール』(上) 今野一雄訳、岩波書店、1962 年
フレーベル『人間の教育』(上) 荒井武訳、岩波書店、1964 年
アリエス『〈子供〉の誕生—アンシァン・レジーム期の子供と家族生活』杉山光信・杉山恵美子訳、1980 年
谷田貝公昭責任編集『〈図説〉子ども事典』一藝社、2019 年　　　　　　　　（大沢　裕）

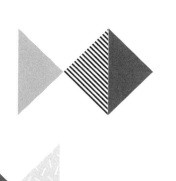

2章
子どもの発達過程

1 乳児期の発達

1 発育発達の法則性

　基本的な発達のみちすじは、すべての人に共通するものである。発達には順序性があり、その発達の順序性には、屈曲優位から伸展優位へ、上から下へ、中心から末端へという、運動発達の三つの法則がある。発達の飛び越しは発達の歪みの原因になったり、後の力の獲得に困難さをもたらしたりするので、丁寧にそのみちすじを辿って行くことが大切である。

①屈曲優位から伸展優位へ

　乳児は、屈曲優位の姿勢から伸展優位の姿勢へと発達していく。関節運動は屈曲と伸展のバランスでコントロールされている。関節を曲げるときに、緊張している筋肉が屈筋、伸ばすときに緊張させる筋肉が伸筋である。生まれてまもない乳児の姿勢は、屈筋を強く緊張させた全身屈曲優位の姿勢である。胎児期は、手足も指も全部曲げ、縮まった姿勢で母親のおなかに入っているため、伸筋を強く緊張させることはできない。屈筋の方が強く働いているためである。生まれてからは、手足の曲げ伸ばし運動をしながら、徐々に伸筋を強くしていく。

②身体の上部から下部へ

　頭、首、肩、腰、脚というように上から下へと順序よく発育発達していく。生後三ヶ月もすると首がすわってくる。背中がすわってくるのは生後五ヶ月ごろである。五ヶ月ごろになると背中がしっかり伸びてくるので、お尻から腰のあたりを支えてあげると、縦抱きで乳児の姿勢は安定する。やがて腰がすわり、脚がすわっていく中で、寝返りをし、はいはいをし、立って歩くようになる。

③身体の中心部から末端部分へ

運動発達のもう一つの法則は、中心から末端へという方向性がある。身体の頭部や腕や足を除いた部分を軀幹という。軀幹は身体の中でもあり、手と脚は末端になる。運動発達は中心から末端に進むので、身体の中心がしっかりすると、肩の力が育ち、腕の力が強くなる。また、手首のコントロールが良くなり、指先も器用になって行く。

2　原始反射

反射とは、無意識的に特定の筋肉が動く現象である。知覚や姿勢などに与えられた刺激が、大脳の統制を受けずに脊髄や脳幹に伝わって起こる。原始反射は乳児期早期にみられる反射で、随意運動が発達すると徐々に原始反射は消えていく。主な原始反射には、哺乳反射（ルーティング反射、補足反射、吸啜反射、嚥下反射）、モロー反射、把握反射、自動歩行反射、緊張性頚反射等がある。

3　姿勢運動、移動運動の発達

生後2～3ヶ月頃になると、自らの意志で行われる随意運動ができるようになる。動きは、脳・神経系の発達と環境からの刺激などが発達の原動力となり、繰り返し行われることで巧みさを増し、習熟する。

うつ伏せから生後2～3ヶ月頃になると頭と胸を持ち上げ、腕を伸ばしはじめる。首がすわると寝返りができるようになり、生後4ヶ月頃に支えられて座ることができ、生後5ヶ月頃に膝の上に座ることができるようになる。生後7～8ヶ月頃に一人で座ることができるようになる。生後9ヶ月頃につかまり立ちができ、生後10ヶ月頃には、はいはいができるようになる。生後1年ほどの間に頭部、体幹、上肢の順に動きをコントロールできるようになり、胎児の姿勢から這う、立つ行動を経て

図1. 乳児の運動機能の発達

（Shirey,M.M,1933）

1歳前後で一人歩きできるようになる（**図1**）。

4 操作運動

　手先の発達では、生後3～4ヶ月頃になると見えるものに手を伸ばす運動がはじまる。生後5ヶ月頃に、目に見えるものに手を伸ばしてものに手がとどき、ものを握るという把握反射が発達する。生後4～5ヶ月頃に、ものを手の平全体で握ることができるようになり（手掌把握）、生後6か月頃に、親指と他の4本の指で握ることができるようになり（指先把握）、10～12ヶ月頃には親指と人差し指の2本だけで物をつまめ

図2. つかみ方の発達

鈴木美枝子編『保育者のための子どもの保健』
創成社，2016年

るようになる（ピンチ状把握）。対象物へ手を伸ばすという運動は目と手の協応関係によって形成されるものであり、最初は対象物に手を触れるという触覚刺激に伴い誘発されるが、しだいに視覚的刺激によって誘発されるようになり、より目と手の協応への依存が強くなっていく（図2）。

2　幼児期

　原始反射の消失とともに、脳・神経系の発達によって、いろいろな動きが現れるようになってくる。乳児期に獲得された姿勢運動や移動運動、操作運動などの初歩的な運動の段階を過ぎると、次に走・投・跳をはじめとする基礎的運動パターンの獲得を行う幼児期にはいる。

　2歳ころになると、走る、のぼる、降りる、蹴る、投げる、捕るなどの基本的な運動が徐々にできるようになる。のぼる運動では、1歳6ヶ月ころに一段ごとに足をそろえて階段をのぼることができ、2歳3ヶ月ころに足を交互に出して階段をのぼることができるようになる。跳ぶ運動では、2歳ころに両足でピョンピョン跳ぶことができ、3歳8ヶ月ころに片足ケンケン跳びができ、4歳4ヶ月ころにスキップができるようになる。

　蹴る運動では、2歳ころに止まっているボールを蹴ることができるようになる。次に、自分に転がってくる、動いているボールを蹴ることができるようになり、その後さらに走りながら動いているボールを蹴るこ

とができるようになっていく。

　これらの基礎的運動パターンでの動作は身体のいろいろな場所を協応させて行う協応動作であり、その動きの形成には、身体各部分の協応を作り出す脳（中枢神経系）との関連が重要である。

　運動能力は「運動コントロール能力」と「運動体力」という2つの要因から構成されている。「運動体力」は運動の実行に必要な力をどの程度生み出すことができるかというエネルギーの生産力で、筋力、敏捷性、瞬発力、持久力と行った筋肉による出力をさす。

　一方、「運動コントロール」とは、感覚・知覚を手がかりにして運動を自分の思うようにコントロールする動き（協応動作）をさす。運動コントロール能力の形成にかかわる領域としては、動きを作り出す中枢神経が重要な役割をしている。幼児期は中枢神経系が急速に発達する時期で、動きの獲得（運動コントロールの能力）の敏感期であり、この時期の運動経験が運動コントロール能力の発達にとって重要なことになってくる（図3）。

　幼児期には多様な基礎的な運動パターンとそのバリエーションを、幼児の興味・関心に基づいた自発的な活動である運動遊びの形で経験する

図 3. 運動能力の構成

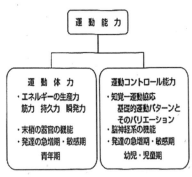

杉原隆・河邉貴子編、『幼児期における運動発達
と運動遊びの指導』、ミネルヴァ書房、2014 年

ことが運動発達にとって重要である。

3　児童期

　杉原（2011）によれば、幼児期に習得され、洗練されてきた基礎的な運動パターンは、児童期にはいると、運動遊びやスポーツへの参加をとおして運動経験が広がり、同時に体の動かし方や動きなどの質的な面で大きく変化していく。児童期は、幼児期から洗練されていく「基礎的な運動の段階」から、いろいろなスポーツに必要な専門的スキルを習得し、向上させていく「専門的な運動の段階」へと移行していく時期でもある。

　児童期は幼児期同様に、まだ大脳皮質を中心とした中枢神経系の発達が著しい時期であり、それに伴い運動コントロール能力が急速に発達していく。この過程では、投げる、跳ぶ、走るなどの1つひとつの運動パターンが走りながら跳ぶとか、捕って投げるなどのいくつかの連続性が生じるようになり、より複雑なスポーツ的な運動（運動技術）ができるようになっていく。このように獲得されていく運動技術は運動学習や練習をすることによって獲得したされていくものであり、この時期により中枢神経系の急激な発達に適応した運動の練習や学習の機会がどの程度得られるかということが、その後の運動能力の発達にも重要なことになってくる。

　主に動きが獲得されていく運動コントロール能力は幼児期から児童期にかけて発達の敏感期であるが、運動体力は、まだ未分化な状態である。そのため、筋力を高める運動が同時に持久力や瞬発力を高める動きをする運動にもなっており、ある要因に優れていることは他の要因でも優れている傾向にある。運動を実施するとき、筋力や持久力などの能力要因が一体のものとして機能し、体力向上に共通性・総合的に作用することである。

一方、児童期後半から体力や運動能力の構造は協調性や平衡性などへと分化し、安定した構造をもつようになっていく。児童期は運動能力の構造的な面からみると、構造的に未分化な状態から分化し、安定した構造に入っていくという2つの面の移行期であるという特徴を有する時期である。そのため、児童期の子どもたちには包括的で総合的な身体活動が運動発達にとって効果的であるが、児童期の後期からは、運動能力の構造が分化し安定してくるので、個々の能力要素を目指した身体活動が運動発達にとって効果的になってくる。しかしながら、児童期に青年期で行うようなエネルギー生産能力を高めるための体力トレーニングの導入は、児童にとって過大な負荷を与えてしまわないように配慮を行っていくことが必要である。

4　青年期

　杉原（2011）によれば、青年期では成熟による運動体力の向上と学習による運動技能の獲得の影響を受けながらピークパフォーマンスを達成していく。パフォーマンスは、身体や認知、動機づけや人格、周囲のサポートなどを含む様々な生理・心理・社会的要因が複雑に関与しているが、なかでもピークパフォーマンスの達成時期には、運動の良否を決定する運動能力が最も影響する。運動能力はエネルギーを生産する能力である運動体力と運動を制御する能力である運動技能に分類され、前者は筋や骨格などの末梢系、後者は大脳などの中枢系の機能が強く関係している。

　青年期前期はいわゆる思春期に相当する時期であり、急激な身体的変化を特徴とし、生理的変化ではホルモン等の内分泌線の発達がみられ、第二次性徴が体験される。また、身体の形態、運動能力の発育・発達において個人差、性差が著しくなる時期でもある。

　精神的な発達においても子どもからおとなへの移行期として不安や葛藤、感受性の高まりなど不安定な感情や情緒を体験しながら成長していく時期である。また、青年期は"疾風怒濤な時期"といわれ、自分とは何か、自分に何ができるか、なぜ自分をわかってくれないかなどを自問し，行動の様態として感情の昂揚と沈鬱、劣等感と優越感，不全感と傲慢、集団への帰属と孤立など両極端な行動の間を揺れ動く不安定な特徴を示す。

　運動発達面においては、特にスポーツ志向のグループにおいて筋力や持久力、瞬発力などの身体能力が最高度に達し、スポーツ技能の進歩が顕著にみられる時期であり、他方において適切な身体活動を確保するだけのスポーツ習慣が未形成なグループが出来上がってくる時期でもある。この時期にはスポーツ参加を志向するグループと志向しないグループへの二極化現象が進み、両者の間で体力、運動能力、運動意欲などの点で大きく差が開き、その後のスポーツライフに影響すると考えられる。

【引用・参考文献】
　杉原　隆編『生涯スポーツの心理学』福村出版、2011 年
　丸山美和子『保育者が基礎から学ぶ乳児の発達』かもがわ出版、2014 年
　安倍大補・井筒紫子・川田裕次郎編『保育者をめざす保育内容「健康」』圭文社、2019 年
　井上勝子編『すごやかな子どもの心と体を育む運動遊び』健帛社、2007 年
　鈴木美枝子編『保育者のための子どもの保健Ⅰ』創成社、2016 年

3章
子どもの生活習慣

1 生活リズムと基本的生活習慣

1 現代の子どもの生活リズム

人間は誰しも毎日リズムのある生活をしている。私たちは、朝起床し、顔を洗い、朝食をとり、それぞれ幼稚園や学校あるいは職場へと出かけて、夜は帰宅し、夕食のあと就寝する。それが一日の生活リズムである。換言すれば、生活リズムとは、毎日規則的に反復される生活の秩序であるともいえる。

子どもたちの生活リズムが乱れているといわれて久しい。大人の生活の反映か、遅寝・遅起きが常態化しているのである。しかも、自律起床ができず、誰かに起こしてもらわないと起きられない。そのため、子どもらしいダイナミックな生活リズムを刻めない状態にあるのである。

現代の子どもたちは、7時前後に起こされ、園なり学校へ行くわけである。人間の脳は朝起きてからまともに働き出すには2時間くらいかかるといわれている。学校は8時半に始まるわけであるから、頭も心も体も完全な状態ではない。よって、彼らの生活リズムは、学校に合っておらず、下校時刻ころになってようやく調子が上昇するのである。要するに、リズムが学校より、学習塾や習い事といった下校後の生活に合ってしまっている。

現代の子どもの問題というと、非行、校内暴力、不登校、自殺、いじめ等々を連想する人が多いようである。社会的問題にもなっているこうした事態は、確かに重大なことであろうと思われるが、こうした問題行動はごく一部の子どもの問題であって、わが国の子どもすべてに関係したことではない。むしろ、関係ない子どもが圧倒的に多いのである。多くの子どもたちが直接関係している大きな問題がある。

　それは、幼児教育の必要性の課題の一つでもある基本的生活習慣が確立していないために惹起されている生活リズムの乱れである。

　現代の子どもの中には、基本的生活習慣が身についていない者が少なくないことがよく話題になる。基本的生活習慣の獲得時期では、データがある昭和初期の幼児よりも現代の幼児のほうが早くなってきているものも少なくない。ところが、自立に無理があるのか、途中で崩れてしまうのである。

　基本的生活習慣が確立していないことについては、小学校のみならず、中学校、高等学校でも同じような問題があると言われるし、大学生になっても怪しい者さえいるのが現実である。具体的に言うと、箸を正しく持って使えない。排便の習慣が確立していない。朝顔を洗わない等々である。

2　基本的生活習慣とは

　日常生活の最も基本的な事柄に関する習慣を基本的生活習慣という。習慣とは、一定の状況において容易に触発され、しかも比較的固定した行動の様式をいう。それはまた、その国の国民や社会が長い間かかって作り上げてきたものであるから、その国の文化の一部を形成するものである。したがって、基本的生活習慣の育成は、その社会の適応性の育成を意味するから、子育て上極めて重視しなければならない。

　基本的生活習慣は、その基盤から2つに分けて考えることができる。1つは生理的基盤に立つ習慣であり、もう1つは社会的・文化的・精神的基盤に立つ習慣である。具体的には、前者が食事・睡眠・排泄の習慣であり、後者が着脱衣・清潔の習慣である。これらの習慣を幼児期に確実に身につけておかないと、その子どもはそれ以後の生活に支障を来すともいわれている。

　基本的生活習慣とは、本質的に人間である以上、民族・人種を問わず身につけなければならない習慣である。この世に誕生した限り、自分自

身を円満に成長発達させるためにも、その人間はこの社会の要求する習慣を身につける必要があるのである。

このように、基本的生活習慣は、生活に欠かすことができないのはもちろんであるが、心理的にも、身体的にも幼児の発達の基礎になる。例えば、箸を使用する習慣は、手指の運動とも関連するし、着脱衣の習慣は、ひいては、その自立性と関連する。したがって、身体諸器官の成熟とその機能の成長発達との関連において、つまるところ人格の発達にも影響するといえる。

3　基本的生活習慣確立のために

基本的生活習慣が身についていないということは、親の養育態度に最大の問題があるとみて間違いない。親の関心が、こうしたしつけより何か違う方向へいっている証である。わが子は勉強さえできてくれたら他のことはどうでもよいとか、溺愛や逆に愛情がない、あるいは無関心などといった理由で放任している結果だといえる。基本的生活習慣のきちんと確立していない子どもで、学業成績のよい子はいないことを、親は気づいていないのである。もし、いるとすれば臨床的意味を持つといっても過言ではない。例えば、寝不足で毎日遅刻しているのに勉強は抜群にできるというような子どもはいない。この点を親はしっかりと認識してほしい。

基本的生活習慣を自立させるためには、何としても周囲の大人、特に親の協力が必要である。この場合の協力とは、余計な手助けをせず、子どものすることをじっと見守るということである。そして、どうしても子どもが自力で解決できないと思われる時、適当な指導と援助をするという意味である。

先に述べたように、基本的生活習慣とは、1つの文化であり、それが自立するということは、自分の国の文化に適応していくことを意味する。

すなわち、アメリカの発達心理学者ゲゼル（Arnold Lucius Gesell 1880 ～ 1961）のいう「文化適応（acculturation）」ということであり、その子どもが社会人として自立していく第一歩である。現代の青年が自立も自律もできない者が少なくないというのは、こんなところに大きな問題があるともいえる。

2　基本的生活習慣と生活リズム

1　長くなった食事時間

　子どもの生活リズムは、基本的生活習慣の確立と密接な関係にあるが、なかでも食事、睡眠、そして排泄の習慣が特に影響すると考えられる。

　そこで、この3つの習慣について山下俊郎が昭和10年から11年にかけて実施した基本的生活習慣の調査結果（以下、山下調査と呼ぶ）と谷田貝公昭らが平成15年に追試を実施結果（以下、谷田貝ら調査と呼ぶ）を比較し、生活リズムを考える上で大きな変化がみられ同時に問題であると思われる点を述べることにする。

　食事の習慣の中で生活リズムに影響を与えると思われることの1つに食事の所要時間がある。山下調査と谷田貝ら調査の食事の所要時間を見ると、どの年齢においても山下調査より谷田貝ら調査の方が長くなっている。特に、3歳以降では約10分の差が出ている。全年齢の平均所要時間は、山下調査19.9分、谷田貝ら調査27.9分であった。

　食事時間が長くなった理由としてはさまざまなことが考えられるが、最大のそれはテレビ視聴であろう。食事中にテレビをつけたままの「ながら食べ」になっていることが考えられる。そのために食事に集中できず、時間が長くかかっているのである。彼らの生活リズムを考えた時、

決していい状況とはいえない。小さな子どもは、1回に1つのことしかできないのが彼らの特徴であることを知る必要がある。

2　遅寝になった現代の幼児

子どもに子どもらしいダイナミックな生活リズムを刻ませることを考えると、基本的生活習慣の中でも睡眠の習慣が最も重要である。

例えば、不登校の子どもは昼と夜を取りちがえている場合が多く、睡眠の習慣の崩れの1つの現象ともいえる。

図1は、3歳児、4歳児、5歳児の就寝時刻の山下調査と谷田貝ら調査の比較である。

谷田貝ら調査は、山下調査より就寝時刻ピークが2時間も遅くなっていることがわかる。

昭和10年〜11年当時は、現代のような24時間営業の店はもちろん、夜遅くまで乳幼児を連れて居酒屋で酒を飲む大人などいなかった。しかも、テレビもなかったので、大人の生活自体が早寝・早起きを基本としていたと思われる。当然子どもも早く寝て早く起きることになる。

山下調査では、夜11時以降に就寝している子は皆無であるのに対して、現代の子は少数ながら夜中まで起きているものがいる。70年間で子どもの生活時間は大きく変化してきているのである。子どもに子どもらしいダイナミックな生活リズムを刻ませることを考えると、就寝時刻が遅くなってきていることは、大きな問題であるといわざるを得ない。

3　おむつがとれない

図2は、おむつ使用児について山下調査と谷田貝ら調査との結果を比較したものである。

これらをみると、山下調査は2歳以降急速におむつ使用児が減少して

図 1. 就寝時刻の分配 (山下調査と本調査)

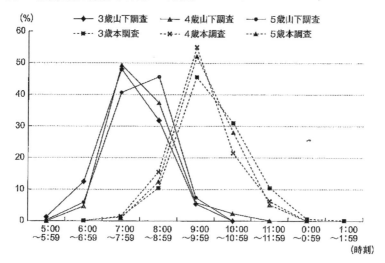

出所：[谷田貝 2008 (a)] をもとに作成

図 2 おむつ使用児の比較

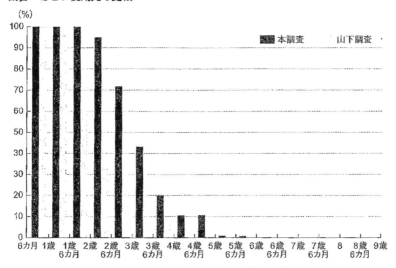

出所：[谷田貝・高橋 2007] をもとに作成

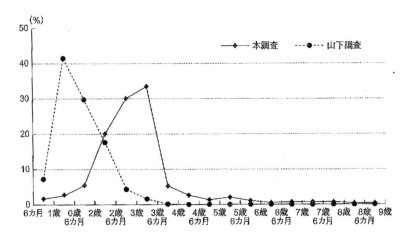

出所：[谷田貝・高橋2007] をもとに作成

おり、4歳以降0％である。そして、おむつ使用離脱の標準年齢は2歳6カ月となっている。

　しかし、谷田貝ら調査においては2歳6カ月の段階ではまだ7割近くの幼児がおむつを使用している。現代の幼児のおむつ使用離脱の標準年齢は3歳6か月である。つまり、70年前に比べておむつ離れが1年も遅れているということである。これは図3からもみてとれる。

　山下調査では、おむつ使用終期のピークは1歳から1歳6か月で、ここまでに全幼児の5割近くがおむつ離れをしている。しかし、谷田貝ら調査では、2歳でおむつ離れが始まり、4歳までに多くの幼児がおむつ使用の終期を迎えるのである。

　おむつ使用離脱の遅れは、かつては幼稚園でおむつを使用している子どもはほとんど見られなかったが、現代ではどこの園でも普通にみられ、常態化していることからも、それははっきりしている。

　おむつ使用離脱の遅れの原因は、紙おむつの普及と、おむつをとることに対しての親の意識の変化を挙げることができる。前者については、

排泄しても本人に不快感がないため離脱の必要性を感じないことになる。後者としては、そのうち何とかなるだろうということで、離脱ということに積極的にならない親が少なからずいる。そういう親に限って、保育者に「何とかなりませんか」ということが多い。なかには、保育者が何とかしてくれると思っている親もいる。

【引用・参考文献】

山下俊郎『幼児心理学』朝倉書店、1971 年

山下俊郎『幼児の生活指導』（保育学講座 5）フレーベル館、1972 年

谷田貝公昭「姿勢と運動の発達」橋口英俊責任編集『身体と運動の発達』（新・児童心理学講座 3）金子書房、1992 年

谷田貝公昭・髙橋弥生『データでみる幼児の基本的生活習慣─基本的生活習慣の発達基準に関する研究』一藝社、2007 年

谷田貝公昭「子どもの生活習慣はどう変化したか」『児童心理』（208 年 8 月号）金子書房

4章
子どもの遊び

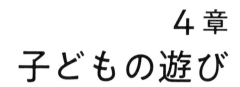

1 子どもの遊びとは

　乳幼児期は、一生のうちで最もいろいろなことを様々な環境を通して体験しながら、覚えていく時期である。その様な生活を通し、人間として必要な習慣を身につけていくのである。しかも、人間の行動の基本的なことは、幼児期に獲得されると言われている。子どもがいろいろなことを体験し、身につけていく過程を「学習」と言う。この学習の過程を観察すると、子どもの学習の基本は、興味や関心、好奇心や意欲による大人の真似を含めた遊びによって獲得されていることがある。

　また、幼稚園教育要領第1章総則や幼保連携型認定こども園教育・保育要領第1章総則では、教育及び保育の目標として「（乳）幼児期における自発的な活動としての遊びは、心身の調和のとれた発達の基礎を培う重要な学習であることを考慮して遊びを通しての指導を中心として第2章に示すねらいが総合的に達成されるようにすること」（下線筆者）とある。また、保育所保育指針では、第1章総則1-（3）オに、保育の方法として「子どもが自発的、意欲的に関われる環境を構成し、子どもの主体的な活動や子ども相互のかかわりを大切にすること。特に、乳幼児期にふさわしい体験が得られるように、生活や遊びを通して総合的に保育すること。」（下線筆者）とある。いずれも、子どもの自発的な活動としての遊びが大切であることが述べられている。乳幼児の遊びを充実させることがより豊かに育っていくことにつながることがわかる。このような幼児期の大半の生活を「遊び」で過ごしている。生活の大半は遊びによって占められ、子どもはその遊びを通して様々なことを学んでいく。これらのことからも、「子どもの生活は遊びである。」という先人たちが残してきたことばの意味が理解できる。

2　遊びの意義

　大人が考える「遊び」とは、娯楽や気晴らしといった内容を思い浮かべられることが多い。しかし、子ども、特に乳幼児期の子どもにとって、「遊び」の重要性は、前節に示した。そこで、この節では、「遊び」の意義について述べたい。

　遊びは、子どもの活動と学びの原点である。それは、遊びを通し、自主性、協調性、共感性、表現力や伝達力、遊びの中の役割や責任、規範意識や他者とのかかわり方も遊びで身につけていくからである。子どもは遊びを通して、社会の中の集団において個である自分を発揮するための必要な能力を身につけ、成長していく。それは、遊んでいる結果として先のようなことが身につくのである。大人が教えるものではないのである。遊びにより、心や体の発達だけでなく、社会性、情緒面、それから耐性（我慢すること）の発達、達成感や満足感を味わうことが出来る。また、幼児期は、生活の中で「自分でやってみよう」とする時期である。周囲の人やものに興味や関心をもち、関わり、様々な経験を積んでいる。その中で、多様に動いたり、想像力を働かせたり、操作したり、構成したりして遊びを楽しんでいる。そういった行動のなかで、身の回りや社会について具体的に理解していくことができる。このことから次のように遊びの意義・効用を挙げることができる。

- ・身体・運動発達上の効用
- ・知的発達上の効用
- ・社会的発達の効用
- ・情緒緊張解消の効用

である、各効用について、説明する。

1　身体・運動発達上の効用について

　遊びが、子どもの身体発達上重要であることは、述べてきた。遊ぶことによって、からだ全部を使ったり、細かい作業に挑戦したりと、それぞれの筋肉の発達が促進されるだけでなく、運動神経や身体の諸機能の発達、体力そのものの向上につながる。子どもは、遊びに夢中になると体力的に無理なことまでしようと試みる。そのため、ケガやトラブルといったデメリットもあるが、自分の能力や頑張ることが出来るからだや心に育っていくことが期待できる。

2　知的発達の効用について

　遊びは、自発的で、自由で創造的思考を働かせる機会である。そのため、子どもの知的発達の助長につながる。子どもは自発的な活動をする中で、多くのこと経験し、その中から学習するのである。すなわち、遊ぶことによって。いろいろな体験を通し、自分の周囲の事物についての知識を獲得し、その活用を含め理解を深めているである。遊び中で、子どもは、手を使い、足を使い、頭や心など体全体を使うことで、様々なものの性質を直接、自身の五感を通し感じ、知識の獲得や想像性を身につけていくのである。

3　社会的発達上の効用

　子どもは、友達と遊ぶことで、自分とほかの子どもとの気持ちや考えなどに気づき、その関係性を学んでいく。幼児の場合、その関係性が未熟かつわからないため、ケンカといったトラブルが起きるのである。子どもは、複数で遊ぶことによって、集団遊びによる様々な学びを得る。たとえば、自己中心性や乱暴、わがまま、非協力などといった態度で

あると、人間関係上うまくいかないことを学ぶ。集団の中で起こり得る、共感、協働、協力、譲り合いといった相手がいることで感じ得られる能力を学習し、社会的に行動する方法の一つひとつを身につけていくのである。

　複数で遊ぶことによる培われる能力は、今後の生活に必要な集団生活においての社会的能力の基盤となる。

4　情緒緊張解消の効用

　子どもは、社会で生活するうえで、多かれ少なかれ緊張状態にある。そういった状態から、解放されるのが、遊びである。自発的に且つ自由に遊ぶことで、精神の緊張を和らげ、情緒の安定をもたらすのに役立っている、すなわち、遊ぶことで、緊張が緩和し、精神面での健康を得ることができるのである。

　子どもは、遊ぶことにより、自分の能力だけでなく、自分を取り巻く環境を理解し、自らの生活そのものをスムーズにすることができることがわかる。それが、その後の生活にも影響し、社会の中での生きる素地となりうることを理解したい。

3　遊びの発達と分類

　子どもの遊びの発達過程に関する研究は、心理学者をはじめとする先人たちが多く示してきた。どのような遊びを何歳ぐらいの時に子どもがするのかという視点のもと研究が進められてきた。遊びは発達心理学的には非常に重要な意義のある活動で、認知・社会的発達、情緒発達の源であるといわれている。なかでも、パーテン（Parten M.B.　1902 ～

1970）による社会性の発達研究である。パーテンは、保育学校に通っていた 2 〜 4 歳の幼児の自由遊びを観察し、子どもが社会へ参加していくプロセスについて述べている。その分類を「何もしていない行動」「傍観的行動（傍観遊び）」「ひとり遊び」「平行遊び」「連合的な遊び」「協同的あるいは組織的な遊び」6 つの分類に分けた。（**図表 1**）

　それぞれの遊びの発達的変化として、何もしていない行動は 2 歳〜 3 歳でほとんど見られなくなり、一人遊びは、2 歳半で最もよく見られたが、3 歳〜 4 歳になると減少した。傍観的行動（傍観遊び）も 2 歳半から 3 歳児頃多く見られ、それを過ぎるとあまり見られなくなる。平行遊びは 2 歳台で最も多く見られるが、発達とともに 3 歳から 4 歳児になると減少した。それに代わって、連合的遊びと協同的あるいは組織的ば遊びが増加し、仲間との相互交渉ある関係が遊びの中心になっていくことが分かる。

　このようにして，子どもは仲間と遊びながら、仲間とのかかわり方や集団の作り方など社会の一員になるための経験を積み重ねていくのである。

　発達心理学者のピアジェ（Piaget.J1896 〜 1980）は、子どもの認知踏力の発達を感覚運動期、前操作期、具体的操作期、形式的操作期の 4 つの段階にそって次のように発達していくと述べている。そして遊びの発達を大きく 3 つに分類した。

　①「実践遊び」（感覚運動期）（感覚刺激や身体運動が目的となる遊び）
　②「象徴遊び」（前操作期）（模倣、見立て、ごっこ、空想などを伴う遊び）
　③「ルール遊び」（具体的操作期）（ルールのあるゲームなどの遊び。）である。

　実践遊びは、0 歳から 1 歳後半までに見られ、身体感覚を繰り返し体県する遊びであり、象徴遊びは、2 歳以降にみられ、象徴機能を獲得した後のごっこ遊び、ふりや見立てといったイメージを持った遊びができ

図表 1　遊びへの社会参加への変化

1. 何もしていない行動	その時その時に興味あることをながめている。目をひくものがなければ、ぶらぶらしているというような行動。
2. ひとり遊び	ひとりぼっちで、他の子どもがいても無関係に遊ぶ。
3. 傍観者的行動	他の子どもの遊びを傍観している。ものを言ったり教えたりするが、自分は遊びには加わらない。
4. 平行遊び	ひとりだけの独立の遊びであるが、他人と同じような道具で遊び、いっしょにはならないが他人のそばで遊ぶ。
5. 連合的な遊び	他の子どもといっしょになって遊ぶ。おのおのが同じような活動をしている。年齢とともに多くなる。
6. 協同的あるいは組織的な遊び	何かを作ったり、ゲームをしたりするために組織を作って遊ぶもので、指導的地位を占める者が現れる。

出典：Parten & Newhall 1943

るようになる。ルール遊びは、4 歳以降、鬼ごっこやトランプといったルールに従うことができるようになったり、ルール自体遊びの修正をすることができるようになる。

1　ごっこ遊び

　遊びの中でも、とりわけ、ごっこ遊びに注目する。

　ごっこ遊びには、言葉の発達、認知・社会的発達、情緒的発達がさまざまな形で表現されているといわれる。おままごとなどは、家庭の観察・模倣の機能が成立することで起こってくる高度な遊びと言える。ままごとの中で見られる「ふり」(遅延模倣)による他者のしぐさの再現は、イメージを思い描き、それを保持し、実行することができるようになったことを意味している。

　ごっこ遊びは相手との共通のイメージやシンボルを持つことが必要となり、遊びの中で、それらを共有し表現することができる遊びである。それまでの遊びでは、一人で行うような遊び方が多かったが、一人で行えた見立て遊びを仲間との遊びの中に取り入れられる楽しさが生じるよ

うになる。そして、遊びがより社会的なものへと変化し発展していく。

　ごっこ遊びでは、友だち同士で一つのストーリーを協力して創り上げていかなければならない。そのためには、伝達力や理解力、コミュニケーション能力が必要となる。仲間集めから始まり、導入、状況の設定、役割の設定、役割の演じ方、各人の人となりの設定、ストーリーの展開、物や場所の見立て、仲間の増減による再構成、仲間の状況把握、各人の設定の情報処理など、言語的、非言語的コミュニケーションをとる場面が非常に多くあることがわかる。子どもが社会集団を演じ、楽しむことの中には、人としてのやりとりなどを体験する学びの場でもある。たかが、ごっこ遊びではあるが、されどごっこ遊びと言ってもよいくらい大切な遊びといえるのではないだろうか。

4　現代の遊びの特徴

　核家族化が進み、夫婦共働きが増え、スマホや携帯ゲームの普及により、外で子どもが遊ぶ姿を見ることが減ってきている。また、近年は保育所や幼稚園、小学校以降の生活の中で、習い事など、自宅ではなく他の場所へいき、時間を過ごすことが増えた。昨今いわれている、遊びには欠かせない「三間」（時間、空間、仲間）の減少は、より加速化されたように思える。社会的にも、「ボール禁止」「大声禁止」「けが防止のため遊具撤去」といった公園もあり、子どもの遊び場自体が減っている。

　現代の子どもの遊びは、親世代にみられていた「空き地」での遊びは大きく減少し、その代わりに増加したのが、ショッピングモールの遊びである。また、親の世代には少なかった「学童保育所」が増加している。ショッピングモールにしろ、学童保育所にしろ、その場には多くの大人たちの眼があることが予想される。子どもたちだけでの子どもならではのダイナミックな遊びが保たれていないことも想定される。

　乳児期の遊びは、母親やきょうだい、その他、養育者が相手になり行なわれる。幼児期になると、親が相手をして遊ぶこともあるが、園などの集団生活を通しその場で出会う子ども同士で遊ぶようになっていく。子ども同士が遊び始めると、見立て遊び、ごっこ遊びなど活発に繰り広げられていく。遊びの種類、形態も変化していく。3〜4歳になると、ある程度のルールをつくって遊べるようになっていく。幼児は、遊びを通して運動の敏捷性、適応や社会性を身につけていく。特に幼児の遊びは心と体を十分動かす経験を重ねることが重要である、それは、遊びという自主的自発的な経験を通し、心が躍るような体が動かしたくなるような思いの繰り返しにより、安定した情緒、周囲への関心が育つのである。

【引用・参考文献】
谷田貝公昭　責任編集「子ども事典」一藝社　2019年
林邦雄　谷田貝公昭監修西方毅、本間玖美子編著　「子ども学講座①　子どもと生活」一藝社 2010年
細井香　編著「保育の未来をひらく　乳児保育」北樹出版　2019年

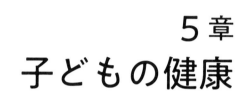

5章
子どもの健康

1 子どもの発育と発達

1 発育発達の原則

　大人にはない子どもの大きな特徴の一つは「発育・発達」することである。発育とは身長、体重、胸囲など形態的に大きくなることをいい、成長ともいう。発達とは言語、動作など機能的に成熟していくことをいう。また発達に伴って身体が成長していくので、形態的成熟と機能的成熟をあわせて発育ということもある。

　身体の全体的な発育のうち免疫機能を担うリンパ系は幼児期から学童期に著しい発育が見られる。思春期の前後に急速に伸び200％近くに達し、その後急速に萎縮する。児童期には免疫機能の基礎が完成する。

2 身体発育の評価

　身体発育の状態を評価する方法として、厚生労働省が10年ごとに全国調査している乳幼児身体発育値が使われている。体重、身長、頭囲、胸囲のパーセンタイル値が用いられており、3および97パーセンタイル曲線が母子健康手帳に載っている。この範囲内であれば正常と言える。

（1）体重

　乳幼児の体重計測値は、新生児の時に見られる生理的体重減少以外では、その時々の健康状態を顕著に反映し、多少の増減をみせながら月齢・年齢にしたがって増えていく。急性疾患で体調が悪化し、体重が一時的に減少することはあっても、ほとんどの乳幼児は回復と共に元の体重に戻っていく。こうしたことから、体重測定を定期的に行うことが必要である。

（2）身長

　乳幼児の場合、身長計測値は計測上の誤差があるものの、体重ほどの増減は見られない。多くの乳幼児は年月齢に従い徐々に増加していく。

3　運動機能の発達

　運動機能と知能の発達は密接な関係がある。そのため乳幼児の運動機能を「精神運動機能」と呼ぶ。発達するに従い言葉や動作を自由に表現できるなど、その年齢に応じた発達過程がある。

　新生児は、大脳の発達が未熟なため大部分の行動は反射運動である。新生児特有の反射運動は生命を維持したり、守ったりするもので原子反射という。原始反射は大脳が発達すると共に消失する。消失は大脳の発達過程の目安になるので消失時期が重要となる。

2　子どもの健康状態と主な疾病の特徴

1　健康状態の把握

　小児は未熟ということから、小児に罹りやすい疾病がある。症状とはいろいろな疾病に起こる状態のことである。その疾病が何の疾病なのか速やかに判断し対処する必要がある。

　それぞれの子どもの元気な様子を知っておけば、体調不良による子どもの変化に気付き素早く対応することができる。子どもによく見られる発熱、発疹、嘔吐などの症状のほか、全身状態（顔色、機嫌、食欲）や外傷を察知することが必要となる。また、乳幼児は自分の体調不良を言葉で表現することができないため、普段と異なるちょっとした変化に気

図1 乳児身体発育曲線

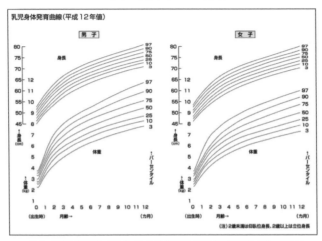

出典「厚生労働省『平成 22 年乳幼児身体発育調査報告書』、2011」

付けるよう注意深く観察をする。

2　よく見られる症状と対処

（1）発熱

　乳幼児にとって発熱はよく起こる症状である。ほとんどは感染症の可能性が高い。ただ体温調節が未熟なので、運動した後や食事をしたあとは体温が高くなる。子どもの平熱がどれくらいかを知っておくことが重要になる。

＜観察の要点＞

　　○状態の把握

　　・機嫌が悪くないか

　　・笑顔か見られないか

　　・食欲がないか

＜対応方法＞

　　○氷枕などを用いて体温を下げる。

〇水分の補給を少量頻回に分けて補う。

〇衣類の交換をする。

〇小児の解熱剤で使用してよいものはアセトアミノフェンのみである。

（2）発疹

　感染症の中には特有の発疹を伴うものが数多くある。感染症以外にも皮膚トラブルなどが見られる。

＜観察の要点＞

　〇状態の把握

　・時間が経つほど増えていないか

　・発疹が出ている場所、形、かゆみ痛みなどがないか

　・発熱を伴っていないか

＜対応方法＞

　〇発熱を伴うときや、不意地の感染症が発生しているときは隔離をする。

　〇体温が上がって汗をかくと、かゆみが増すので環境に気を付ける。かゆがった時は、絞った冷たいタオルで冷やす。

（3）嘔吐

　嘔吐の原因となる疾病は感染症だけでなく、消化器、呼吸器、中枢神経系の疾病の場合もある。

＜観察の要点＞

　〇状態の把握

　・機嫌が悪くないか

　・笑顔か見られないか

　・吐き気の他に変わった様子はないか

＜対応方法＞

　〇顔を横に向け側臥位にする。

　〇水分を与えるときは少量ずつ頻回に分けて与える。

　〇下痢を伴う嘔吐の場合は、消化器疾患の場合が多いので食事を与え

るのをやめる。

　〇脱水症になりやすいので、水分補給には注意する。

（4）下痢

　さまざまな原因で下痢が発生する。

<観察の要点>

　〇状態の把握

　・機嫌はいいか

　・食欲はあるか

　〇発熱の有無

　〇他の症状の有無

<対応方法>

　〇水分やミネラル物質の補給をする。

　〇消化のよいものを与える。

　〇臀部がただれてしまうことがあるので、臀部浴などで臀部を清潔に保つ。

　〇伝染性疾病の疑いがある場合は、手指などの消毒を厳重に行い、速やかに医師の診察を受ける。

3　配慮すべき主な疾患とその対応

1　けいれん

　子どものけいれん（ひきつけ）は珍しくない。乳児期のけいれんには、発熱による熱性けいれん、激しく泣くことによる憤怒けいれん（泣き入りひきつけ）、熱がないのに繰り返し起こるてんかんなどがある。熱性けいれんを何度も起こす子どもはてんかんを発症する可能性がある。

　てんかんは、さまざまな要因による慢性の脳疾患で、大脳ニューロンの過剰な刺激による反復性の発作（てんかん発作）が特徴であり、それに種々の臨床症状や検査所見が伴うことをいう。てんかんの約70％は3歳までに発症すると言われている。

＜観察の要点＞

　〇状態の把握

　・全身性か局所性か

　・片側か両側か

　・眼球の状態（両眼とも対称になっていない）

　・意識の状態（意識が無い）

　・治まるまでに何分かかったか

　・嘔吐はしたか

　〇発熱の有無

　〇他の症状の有無

　・「風邪」症状

　・頭部を打ったか

　・脱水症状

＜対応方法＞

　〇顔を横に向け、側臥位にする。

　〇無理に押さえつけない。

　〇窒息の原因になるので口の中にタオルなど入れない。

　〇10分以上続いた場合は救急車を呼ぶ。

　〇嘱託医や主治医に連絡し指示を受ける。

2　アレルギー

　免疫反応によって体に不利益な反応を引き起こすことを「アレルギー」といい、その原因となる物質を「アレルゲン」と呼ぶ。アレルギーは遺

伝による体質や環境によって影響を受け、年齢や季節で症状が変化をすることがある。

（1）気管支喘息

　アレルゲンを吸い込むことで気管支の粘膜が腫れ、気管支が収縮し、起動が狭くなって呼吸困難が起こる。

＜対応方法＞

　○布団の上げ下ろしなどによるほこり、飼育動物の毛などが原因で症状が出ることがあるため注意をする。

　○咳込み始めたら半座位にし、背中をさする。

　○ぬるめの水や麦茶などを与え、喉を湿らせて痰を出しやすくする。

　○風邪が原因で症状が出ることがあるため、早めの受診と治療を行う。

　○睡眠不足やストレスなどの影響がないか原因を探り、生活リズムを整える。

（2）アトピー性皮膚炎

　両親のどちらかのアトピー素因を受け継いでいることが多い。生後4ヶ月頃から顔、頬、首の周り、肘の内側、耳、胸などに赤い湿疹ができ、痒みが強い。

＜対応方法＞

　○布団の上げ下ろしなどによるほこり、飼育動物の毛などが原因で症状が出ることがあるため注意をする。

　○咳込み始めたら半座位にし、背中をさする。

　○ぬるめの水や麦茶などを与え、喉を湿らせて痰を出しやすくする。

　○風邪が原因で症状が出ることがあるため、早めの受診と治療を行う。

　○睡眠不足やストレスなどの影響がないか原因を探り、生活リズムを整える。

（3）食物アレルギー

　原因となる食物を食べた後にアレルギー反応を起こす。アレルゲンの多くは食物に含まれるタンパク質である。食物アレルギーは乳幼児に多

表1　食物アレルギーの年齢別に見た主な原因食品

	0歳	1歳	2-3歳	4-6歳	7-19歳	≧20歳
1	鶏卵	鶏卵	鶏卵	鶏卵	鶏卵	小麦
2	牛乳	牛乳	牛乳	牛乳	牛乳	甲殻類
3	小麦	小麦	小麦	ピーナッツ	甲殻類	魚類
4		魚類	魚類	小麦	ピーナッツ	果物類
5		ピーナッツ	ピーナッツ	果物類	小麦	ソバ

出典「厚生労働省科学研究班『食物アレルギー診療の手引き』、2014」を基に作成

く発症し、鶏卵、乳製品、小麦の頻度が高い（**表1**）。また3歳までに約50%、6歳までに約80〜90%が消化管の発達によりアレルギー反応が消失する。

　アナフィラキシーショックとは、原因食品を食べたことによって起こる症状で、命に関わる危険な状態をいう。皮膚、呼吸器、消化器などの複数の臓器にアレルギー症状が現れ、血圧が下がり、ぐったりする、意識がなくなるなどの状態となり、医療機関への救急搬送が必要となる。アナフィラキシーショックに対し、一時的に症状を緩和する補助的治療薬（エピペン自己注射）がある。

＜対応方法＞

　○除去食の実施は医師の指示に基づいて行う。

　○乳児期は、本人が除去色の自覚がなく、自分以外の食事や、落ちているものを拾って食べたりなどで起こりうることも考慮し、配膳方法や座る位置なども細かく配慮する。

【引用・参考文献】
西田希監修「子どもの保健」株式会社キャリアカレッジジャパン、2018年
「新保育士養成講座」編纂委員会編「子どもの保健」全国社会福祉協議会、2018年

6章
子どもの人間関係

1 親子関係

1 親子関係の基盤となるもの～さまざまな生物学的な機能

　ヒトの乳児は、他者に世話をしてもらわなければ生きていけない。それは他のほ乳類と比べて未熟なまま生まれるためである。そのためヒトの乳児は、他者にかかわってもらい、保護してもらえるようにいくつかの機能を備えて生まれてくる。その一つが「見た目のかわいらしさ」である。これは「ベビーシェマ」と呼ばれ、動物行動学者のローレンツ（K.Lorentz,1903-1989）が提唱した。ローレンツは、ヒトやイヌ、トリなどの赤ちゃんに共通した特徴として、大きな頭やふっくら丸みをおびた体型などをあげ、人はこのような特徴をもったものに接すると守りたくなる気持ちが自然にわくと考えた。

　他にもローレンツは、カモやアヒルなど孵化（ふか）した直後から自分の親の後を追うという行動を示すことを発見した。親でなくても孵化後に見た大きくて動くものの後を追い、近づいたり追いかけたりする鳥類の習性を見いだし、「インプリンティング（刻印づけ）」と名付けた。ローレンツは、この現象はヒトにもあてはまり、生まれて間もない頃にどの人が親なのかが刷り込まれる時期があり、この時期に親との絆が作られるとした。

　ヒトの乳児は、さまざまな刺激の中でも、生まれつき人の顔に関心があるということもわかっている。ファンツ（R.L.Fantz,1925 ～ 1981）は人の顔や新聞の活字、同心円、白色、赤色、黄色の6つの刺激について、生後2, 3か月の乳児に見せ、どのくらい長い時間じっと見ていたか（注視していたか）を記録する方法（選好注視法）を用いて実験を行った。その結果、人の顔を注視した時間がもっとも長かった。

以上のように、ヒトの乳児は生まれつき人への関心が高く、さらには他の哺乳類と違い、他者の養育や保護がなければ自分の力では生きていけないため、他者からのかかわりを引き出すために生物学的な機能をいくつかもって生まれてくる。これらの機能が基盤となって、親子関係を築いていくのである。

2　親の養育態度と子どもの育ち

　一般的に、子どもがこの世に生まれて初めて体験する人間関係が親子関係であることを考えると、子どもの育ちにとって親のかかわりはとても重要であり、その後の人間関係の持ち方にも影響を及ぼす。

　宮城音弥（1908 〜 2005 年）は、親の養育態度が子どもの性格にどのような影響を与えるかについてまとめている。親の養育態度を子どもに対する「支配」「拒否」「保護」「服従」の4つの側面に分け、それぞれの養育態度で育ちやすい子どもの性格特性を示した。図の中心に向かうほど理想的な親子関係に近づくとされている。

　子どもがまだ幼い頃は、親が子どもを保護し・指示し・教え、子どもが親に保護され・指示を受け・教えられるという相互作用が多い。したがって、親自身の性格や育児観、養育態度によって子どもの発達も変わってくる。その一方で、子ども気質や行動の特徴などの要因も親のかかわり方に影響を及ぼしているため、子どもの健やかな育ちには親と子が互いにどのように影響し合っているかを考えることが重要であろう。

2 親子関係と愛着

1 母子相互のやりとり

これまで親子関係について多くの研究がなされてきたが、一般的に養育は母親によってされることが多いことから、母子関係に関心が示されてきた。前述したように、母子関係は一方的な関係でなく互いに影響を与え合う相互作用の関係であり、その後の子どもの発達に影響を及ぼす。**図1**は母子の互いの影響を図にしたものである。サメロフ（A.J.Sameroff, 1937～）は、出産直後から子どもがあまり応答的ではなく気むずかしい反応を示した際、母親も不安なまま子どもに接すると、互いのネガティブな感情が作用し合い、ついに子どもに情緒障害が見られたという事例をあげている。

2 愛着の意義

人間関係の発達について、子どもはとりわけ母親との関係を通して、さまざまな人間関係の持ち方を学んでいくことが指摘されている。例えば、初めて見る大きな犬に驚き、泣きながら慌てて親の後ろに隠れた際、親に「大丈夫だよ」などと声をかけてもらいながら抱きしめてもらうと安心して泣き止んだ、といった様子はよく見られる光景である。子どもが抱いたであろう安心感のことを「愛着（アタッチメント :attachment）」と呼ぶ。

愛着は、ボウルビィ（J.Bowlby,1907～1990）によって提唱され、「特定の対象に対してもつ情愛的な絆」のことをさす。大きな犬を見て慌てて親の後ろに隠れた子どもの例では、子どもと親の間に愛着関係ができているといえる。不安になったり怖い思いをしたときに、いつでも戻っ

て安心を取り戻せる心のよりどころを「安全基地（secure base）」と呼び、不安になっても親のところに行ってなぐさめてもらったり、励ましてもらうことで、また元気を取り戻すことができるのである。

　愛着に関連した研究にハーロー（H .Harlow,1905 〜 1981）の赤毛ザルの実験がある。子ザルをミルクが出る針金の人形と布で巻かれたミルクの出ない人形と一緒に入れると、子ザルはミルクを飲むときだけ針金の人形の方に行ったが、他の時間は布の人形にしがみついて過ごした。このことから、子ザルは布の人形を安全基地としミルクをもらえなくてもあたたかいぬくもりが安心の源であるとし、人の場合も同様であるとした。

　やがて子どもの心の中には愛着対象のイメージができあがる。例えば、「何か不安なことがあっても、大丈夫だよ、とお母さんに言ってもらえる」これを「内的ワーキングモデル（internal working model）」と呼び、その後の他者との対人関係を築くモデルとなる。親から世話をされなかったりあやしてもらう経験がない状態をボウルビィは「母性剥奪（はくだつ）（マターナルデプリベーション：maternal deprivation）」と呼んだ。乳児期に適切なかかわりがなされなかった場合、身体的な発達や情緒の安定など発達がとどこおってしまうこともある。このことは愛着の対象

図1　母子相互作用の時間的な流れ

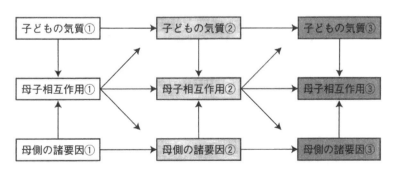

（出典　三宅和夫著『子どもの個性』東京大学出版会、1990 年）

を安全基地としてあたたかい人間関係を経験しながら育つことで、「自分は愛される存在である」と自分の存在を肯定でき、同時に他者への信頼感ももてることで、さまざまな人間関係を広げていくことができることを示している。

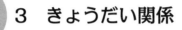

3　きょうだい関係

1　子どもの発達ときょうだい関係

　子どもが成長する過程で経験する主な人間関係は、親子関係、きょうだい関係、友人関係であろう。きょうだい関係は、タテの関係（親子関係）とヨコの関係（仲間関係）を併せ持つ、ナナメの関係に位置づけられる。年齢が上のきょうだいは、年齢の下のきょうだいに対して親のように指示したり教育的になったりする。また協力して一緒に何かをやり遂げたり、時には年齢差を忘れてお互いに相手を同格とみなしけんかしたり対立する時もあるだろう。このことは、きょうだい間で仲間関係を経験でき、その経験が仲間関係への移行を促す側面があるとも考えられるまたきょうだいと重要な発達期を共に過ごすため、子どもの人間関係や性格形成に大きな影響を与える。きょうだいがいることで、幅の広い人間関係を経験でき、他者理解の機会を多くもてるだろう。

2　きょうだい関係に影響を及ぼす要因

　きょうだい関係に影響する要因について、出生順位と性格との関連が明らかにされている。浜崎らは、2人きょうだい、3人きょうだいを調査した結果、①長子的性格は、自制的、控えめ、聞き上手、②次子的

性格は、おしゃべり、告げ口をする、甘ったれ、活動的、③（3人きょうだいの）中間子的性格は、気に入らないと黙り込む、よく考えないで失敗も多いが、めんどうくさがらずに仕事に取り組むという傾向があった。

　現代、我が国は少子高齢化により、ひとりっ子が多くなっている。2018 年度の合計特殊出生率は 1.42 人であり減少を続けている。このため親をはじめ周囲の大人の目が行き届き、過保護になりがちな状況にある。きょうだい間で経験できるヨコの関係が不足しがちなことは、社会性の発達にも影響を与えるであろう。

4　友人関係

1　友人関係の発達

　乳児期の人間関係は、一般的に親とくに母親との相互のやりとりが主になるが、幼児期になると、親との愛着関係を基盤として親やきょうだいといった家族からしだいに友人へと広がっていく。多くの子どもが、保育所や幼稚園で同年齢や異年齢の子どもたちと集団生活をして一緒に過ごすことになり、家庭と集団生活の場を行き来する生活を経験する。

　友人関係の発達について、小野寺は、他の子どもを見たり（3〜4か月）、じっと見て視線を交わし（5か月）、ハイハイして相手に触ったり触り返すといった身体的な相互作用が頻繁になり（6〜7か月）、他の子どもがもつおもちゃに近づいて取り合ったりする（8か月以降）。1歳頃にはおもちゃの交換や取り合いが見られ、お互いに声かけやまねしたりする時期を経て、1歳半頃には追いかけっこができるようになるとしている。このように友人関係は乳児期に成立し、幼児期になるとより積

極的に友人を求めるようになる。友達のなりやすさについて、幼児期〜学童期前期（小1〜3年頃）では席や家が近いなど物理的な距離の近さが要因となりやすく、年齢が上がるにつれて、同性であることや興味や行動が似ていることなどを重視するようになる。次第に互いの性格や行動パターンによって友人を選ぶようになっていく。

　子どもは、友人関係や遊びを通して社会性を身につけていく。社会性は、子どもが社会生活を送る上でとても重要である。子ども同士で遊んでいるといざこざやけんかが生まれやすいが、自分に好みや考えがあるように他者にも自分と同じように好みや考えがあることを知るなど、相手のことを理解したり思いやることを学ぶ大事な機会である。大人がすぐに仲裁に入るのでなく、どうしたら子ども同士で解決ができるかという視点で見守ることも必要であろう。

5　人間関係の広がり

　地域の人々との付き合いが希薄になったといわれて久しい。都市化や過疎化、地域社会の連帯感の希薄さなどから、大人が地域の子どもの育ちに関心を払わず，積極的にかかわろうとしないことも指摘されており（内閣府,2003）、子どもを取り巻く地域社会の変化は確実に子どもの生活に影響を与えている。

　子どもの生活の変化の一つとして、住田は、子どもにとって「3つの間」が減少していると指摘している。それは、学童期前期から後期になる頃、仲間集団をつくるために必要な「遊び仲間」「遊び時間」「遊び空間」である。仲間と遊びたくても地域に遊ぶ仲間も時間も場所も減っている、という状況である。時代や社会の変化にともない、子どもたちの友人関係も変わっていくと考えられる。

【引用・参考文献】
浜崎信行・依田明「出生順位と性格 -2-3 人きょうだいの場合」『横浜国立大学教育紀要』
25 187-196 1985
藤村宣之編著『発達心理学－周りの世界とかかわりながら人はいかに育つか－』 ミネル
ヴァ書房、2009 年
厚生労働省：平成 30 年（2018）人口動態統計月報年計（概数）の概況 .
https://www.mhlw.go.jp/toukei/saikin/hw/jinkou/geppo/nengai18/index.html（2019 年 10 月 28 日）
小林芳郎編著『子どもを育む心理学』保育出版社、2007 年
後藤宗理編著『子どもに学ぶ発達心理学』 樹村房、1998 年
宮崎音弥『性格』岩波書店、1960 年
内閣府「第 4 章 子どもの育ちと現状と背景」中央教育審議会 子どもを取り巻く環境の
変化を踏まえた今後の幼児教育のあり方について（中間報告）
http://www.mext.go.jp/b_menu/shingi/chukyo/chukyo3/siryo/attach/1395404.htm（2019 年 11 月 2 日）
岡本夏木・清水御代明・村井潤一監修『発達心理学辞典』ミネルヴァ書房、1995 年
坂上裕子・山口智子・林創・中間玲子著『問いからはじめる発達心理学』 有斐閣ストゥディ
ア、2014 年
住田正樹「社会の変化と子どもの仲間集団の変容」『子ども学』4、2016 年 萌文書林、
PP.112-136
谷口貝公昭・石橋哲成監修 西方剛・福田真奈編著『新版 保育の心理学Ⅰ』 一藝社、
2018 年
依田明『きょうだいの研究』大日本図書、1990 年

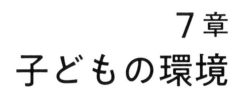

7章
子どもの環境

1 子どもにとっての物的環境、 人的環境とは

1 子どもにとっての環境

　まず最初に物的環境と人的環境について簡単に記しておこう。子どもたちが保育活動を展開する場所、すなわち幼稚園、保育所、こども園には大きく分けて物的な環境と人的環境の二つが存在している。物的な環境というと通常は園庭、保育室、ホール、トイレなどを連想するが、大きな視点から考えるのであれば保育施設の設置された場所やその周辺の環境、さらに大きな観点で考えれば自らの家や時代、つまりは存在している空間のすべてが物的環境ということもできよう。反対に小さな視点に立てば、子どもたちの周囲に存在している保育に関係する細かな教具（椅子や机、保育室内外の設定など）もすべて物的なる環境ということができる。さらに物的な環境には保育室に流れている（あるいは保育で指導している）歌や音楽なども広義に考えるのであれば含まれるし、香り（におい）や気温（温度）、湿度といったものもすべて環境には含まれよう。つまり子どもが見る、聞く、におう、感じる、味わうといった人間が本来持っている五感で感じ取れるものすべては環境だし、それらの要素が複雑に絡み合い、密接に関連性を持ちながら子どもの身の回りの環境を構成しているのである。

2 人間関係

　一方、人的環境とは前述の物的環境に対し、保育者、家族（父、母、兄弟、姉妹、祖母、祖父など）、そして友人などの、人間が関係している環境のことと考えられるが、保育の場において大きな意味を持つのはやはり

保育者と友人ということになろう。保育者は特に子どもたちにとって信頼され尊敬される、保護者とは異なった年上の存在であることから、その与える影響力は大変に大きく、重要な意味と責任を持っていると認識すべきである。また子どもたちと毎日の生活を継続して過ごすという観点から考えても、その存在は大変大きく、幼児期の人的環境を考える時には保護者と並んで大切な意義を持つものといえる。

　そのような人的環境と物的環境はいずれもが子どもにとって大きな意味と影響力を持ち、大変重要な影響を与える。それぞれが子どもに与える影響如何によって保育は有益にも無益にもなるし、それが子どもに不適当な場合にはマイナスの影響さえも与えかねない、大変重要な存在である。それでは具体的に物的環境と人的環境は、どのように設定され存在することが望ましいと考えられるだろうか。

　平成29年告知の『幼稚園教育要領』においては環境に関して、第1章総則第1幼稚園教育の基本において、「幼稚園教育は、学校教育法第22条に規定する目的を達成するため、幼児期の特性を踏まえ、環境を通して行うものであることを基本とする」と記され、さらに「教師は、幼児の主体的な活動が確保されるよう幼児一人一人の行動の理解と予想に基づき、計画的に環境を構成しなければならない。この場合において、教師は、幼児と人やものとのかかわりが重要であることを踏まえ、物的・空間的環境を構成しなければならない」と明記されている。だが、それ以上の具体的な内容や設定方法に関しては各々の施設や保育者にその設定や維持を任されているため、それぞれの幼稚園や保育園において人的環境も物的環境も千差万別であり大きな差異を生じているというのが現状である。

　それでは子どもにとって適切な環境とはどのようなものを指すのか、私なりの具体的な考えでは、それは教育を実践するのにふさわしい環境であり、保育者と子どもが安全にかつ快適に生活することのできる環境であり、なおかつ清潔で心身の成長発達の促進に自然と貢献することの

できるような空間ではないだろうか。子どものために迎合しアニメなどのキャラクターが氾濫している空間でもなければ、IT 機器が完備された空間が子どもにふさわしい環境にあると考えることは間違えであるし、そのような傾向に保育室が向かっているのであれば保育者は修正し、本来の姿に戻すことに努力するべきである。

　保育を実践している環境は言うまでもなく家庭環境、あるいは現在の世の中の様々な要素に大きな影響を受ける。そのため以前に比べて複雑かつ、モノに必要以上にあふれた保育環境になりがちではあるが、本来子どもにとって理想的な保育環境とは、ある意味においては普遍的な性格を持ち、それはどんなに世の中の環境が変化しても（あえて）変わらないことを要求される場合もある。

3　物的環境

　物的環境でいえば、それは具体的に世の中に氾濫するアニメなどのキャラクターであったり、IT の進化で簡単に誰もが享受できるようになった必要以上に刺激の強い映像、あるいは安価に簡単に入手できる玩具などが考えられる。それらを保育の場に用いることは簡単であり、また瞬間的には子どもの興味関心を引く有効な手段と思われやすい。だがそれらのコンテンツは一過性のものであると考えられるし、あえて（大人の一方的な商業主義のために翻弄され）短期間で陳腐化されるような物的環境である。例えばアニメのキャラクターの歌なども、それが数年後には世の中から消え去ってしまっている可能性は高いだろう。本来子どもの中に残る理想的な環境とは、子どもが成長発達し大人になったとしても、子どもの中に綿々と残り、その子とともに生きていくような普遍的なものであるべきだろう。そう考えると、昨今の世の中に蔓延している物的環境の中には疑問を抱くような性格のものが多いように感じられる。保育者、つまり大人が子どもたちに設定する望ましい物的環境と

は、子どものために迎合したり子どもに気に入られようと安易に考えた、「大人だけの考える子どもの物的環境」ではなく、子どもが本来受け止めることを望んでいる、「子どものための物的保育環境」であるべきである。

　また人的環境、すなわちここでは保育者のことを考えた時に、子どもたちにとってふさわしい人的な環境とはどのようなものなのかを、必ずそれぞれの保育者は熟慮し選択するべきであると考える。具体的にそれは清潔で子どもとともに活動し明るい保育を実践できるものであることは言うまでもないが、保育者の表情や服装、言葉遣い、化粧、持ち物など、すべてが環境に含まれる、と考えるべきである。子どもに接する態度や表情、用いる言葉遣いなどは言うまでもないが、服装や様々な持ち物などは、その人間を表す意味で大変重要だし、保育を子どもと展開するうえにおいても大きな意味を持つ。決して華美に着飾ったり良いものも持つことが大切ではないが、保育活動と子どもたちにとって、そして自分にとって似合い、ふさわしい服装を考えることは大変大切であろう。ゆえに子どもにとっても保育者にとっても互いに良い影響を与えることのできるものを日々選択し、自らも模範的で、子どもにとって理想的かつより良い人的な環境となり得るように保育者は日々研鑽をつむべきであろう。

 ## 2　子どもを取り巻く自然環境の重要性

1　自然環境の重要性

　昨今環境破壊が大きく取り上げられ、私たち一人一人も自然環境の大きな変化を実感することが多い。以前には予想しなかったような夏の酷

暑日やゲリラ豪雨、冬には夏の反対にマイナス気温を更新するなど、地球規模での自然環境の変化はこれからも激しさを増すとの予想もある。こういった急激な自然環境の変化は私たちの生活環境（暖房・冷房、様々な物流や交通、あるいは産業構造の変化など）に起因すると考えられているが、私たちをとりまく自然環境が著しい速度で日々変化していることは事実である。

　それではそのような自然環境下において、どのような観点に重きを置いて保育を実践していくべきなのだろうか。もちろんエコロジーの観点から無駄なものを減らす、ごみを出さない、必要以上にエネルギーを浪費したり、これ以上地球の環境破壊をすることがないように促す、といった内容の保育を実践することは大切であろう。子どもの生活の中からも、上記のように自然環境を守ることに直接つながるような活動は可能だし、まだまだ今後も大きく展開すべきことは言うまでもない。一人一人にとっては小さな活動かもしれないが、それが大きな規模となれば、それだけ影響力も大きくなるからである。

　だがそれだけが保育における環境を考慮した保育であるとは考えられない。それ以上に大切なことは子ども（と保育者、つまり私たちすべて）が置かれた自然環境の大切さについて学ぶことこそ、第一義的に実践されるべき内容なのではないだろうか。

　こう記すと難しい内容に思われるかもしれないが、実際には子どもたちが置かれた、今の環境を見つめなおし、その素晴らしさと大切さを実感することから導入することが最も大切であるし、それぞれができることを少しずつ展開していくのあれば、決して難しい保育内容ではない。晴れた日に空を眺め、その雲動きと空の青さの深さ、雲の上を音もなく流れ去っている気流の不思議さを子どもと一緒に感じるだけでも十分良いのではないか。夕日の美しさや月の形の変化、そんな些細な、しかし人が人として生きていくうえで最も大切な自然環境を実感し、それをそれぞれが大切に思うことの発端になるのは、そんな自然の情景からであ

るឱことも多い。デジタル機器が蔓延し、以前とは比べ物にならないほど速いスピードで流れている現代において、その速度を少しでも緩め、足早に去っていくときには実感できなかった自然環境を拾い集めるような保育、それこそが自然環境を学ぶということなのではないだろうか。

雨の日、特に梅雨の季節を大好きだと思う者は少ないかもしれないが梅雨の時期がなければ夏の青い空も白い雲も訪れてこない。暑い日にのどを潤す水も、ひまわりが咲くために必要な水も梅雨があってこそ与えられた自然の産物である。梅雨の季節、子どもとともにレインコートを着て、あえて雨の日に園庭に出たらどうだろう。そこには部屋の中から眺めていただけでは、決して気づくことのできなかった発見にあふれている自然環境がまっているはずである。

2　我が国における四季の重要性と地域性を保育

私たちの住んでいる日本は小さい国、と認識しがちだが決してそんなことはなく、むしろ地球的な規模から考えても複雑で様々な気候風土を持ち、それに起因する様々な地域性をもつ、類まれなる自然環境を持つ国の一つであるといえよう。例えばヨーロッパには日本ほどの面積も長さもない国は大変多いし、特に北から南まで長さを尺度として考えた場合に、日本は大変様々な環境下の地域を持っている国であるといえる。北は北海道のように気温が著しく低くなる地域もあるし、東北などのように豪雪に見舞われる地域も少なくない。ほとんど一年間が夏の季節の連続であるかのような宮古島や石垣島も日本であるし、それだけの気候の差を同時に持つ国というのは地球上でも稀な存在なのである。白い砂浜も標高の高い山岳も持ち、なおかつそれぞれに特色を持った四季の存在がある、といったことが我が国を日本としてならしめているのではないだろうか。

そのような多種多様な気候風土により鍛えられたからこそ日本の製品

（例えば自動車など）は、世界の様々な国でも信頼性のある品質を持ち得ることができたとも考えられるし、ここ数年日本を訪れる観光客が増加しているのも、その独特の文化の多様性に魅力を感じる者が多いことも事実である。

　日本にはそれぞれの場所には独特の地域性が存在するし、そこに存在している土着的な文化なども多種多様である。そのような文化や伝統はこれからも継承していくことが大切なのではないかと考えられる。保育の場においてもそのような観点からの保育内容を実践するべきであるし、ITの発達などにより、私たちの生活が日々均一化し、同じ情報を同じ時間に得ることのできるような環境となった現在だからこそ、ますます独自の文化や地域性は大切にしていく必要が生じるだろう。

　保育の場においてはその地域のならわしや、独特の表現、風習などを大切にし、たとえ小さな活動であっても様々な行事の中で展開していくことで、伝承していくことができるのではないか。その地域に存在している民話でも良いし、小さな慣習なども保育者があえてそれを保育の中に取り入れることにより、子どもの中に育ち根付き、輝き始めることが可能になるであろう。

　同様にしてその地域の四季を保育に取り入れることも大切であろう。先にも述べたように我が国は大変「長い」国土を持つ。北にはまだ雪が降っている時に、南の島では泳いでいる場合もあるだろう。そんな時にこそ最近整備と発展が著しく進むITや様々なメディアの恩恵を大いに利用し、その自然環境の違いを同時間に共有することのできるような保育活動はどうだろう。お互いがお互いの環境や地域性などを否定するのではなく、それぞれが持っている独自性を尊重しあいその価値を認識することで、自らの生きる自然環境の重要性とその面白さを実感でいるのではないだろうか。

　四季のある国に生まれたことの喜びと、奇跡のような環境を認識し、それぞれが独自の地域性をこれからも大切に持ち続けることが大切であ

る。最近、地方のどこの街に行っても同じような光景に出くわすことが多い。まったく同じ店舗の入った駅ビル、同じような大規模ショッピングモールの乱立、街道筋に立ち並ぶ全国統一の看板を持つチェーンストア……それらがその地方の便利でなおかつ日々の生活を支えていることを否定することではない決してない。そのような生活に必要とされる店舗や情報は、全国すべて同じように私たちの生活に便益を供給していくべきである。だがその一方でその存在が、その地方独特の自然環境や文化の魅力を削ぎ、失う方向へと導いてはならない。今まで私たちに受け継いできてくれた先人たちのためにも、そしてこれからその文化と伝統を受け継いでいく存在たる子どもたちのためにも、保育の中に地域性と、日本の四季の重要性を大切に内包していくことのできる保育内容を、ぜひ導入したいものである。

　最初の述べたように子どもを取り巻く環境は、昨今急速に日々変化し続けている。そしてその速度はこれからもますます速くなり、数年前までは考えられなかったような形態のものが出てくる可能性もあるだろう。だが私たちの生活も、もちろん子どもたちの生活も、もとより人間の教育として理想的なものや本質的に正しいものは変化する必要もなければ、普遍的に変わってはいけない類のものも存在していることも事実である。

　もちろん現状に即して子どもたちの生活などに適合するように、保育内容や保育方法を適宜良い方向に向けて変化させていく必要がある。つまり私たちが変わりゆく環境に合わせて変化させていくべき保育内容・保育方法と、どんなに世の中が変わっていったとしても普遍的に変えてはいけないものと、これからも大切に守りながら継続していかなくてはいけないもの、がそれぞれ存在しているといえよう。そんな中で保育者に求められることは、現在の状況を大きく様々な視点からとらえながら、それぞれの地域性や子どもの置かれた環境をしっかりと把握し、変えるべき環境と変えてはいけない環境とを混同することなく、それぞれのバランスを適切に保ちながらそれぞれの保育カリキュラムに展開すること

であろう。

【引用・参考文献】
　谷田貝公昭・大澤力編著監修『新・保育内容シリーズ環境』　一藝社　2010 年
　谷田貝公昭監修　　細野一郎編著　『環境』　一藝社　2005 年
　岸井勇雄・武藤隆・柴崎正行監修　『保育内容・環境』　同文書院　2008 年
　石橋哲成・谷田貝公昭監修　大沢裕・高橋弥生編著　『保育内容総論』　一藝社　2017 年
　谷田貝公昭監修　大沢裕編著『幼児理解』一藝社　2018 年
　谷田貝公昭・林邦雄・成田國英　編著　『教育方法論　改訂版』　一藝社　2017 年

8章
子どもの言葉・文化

1 子どもの言葉の特徴

1 乳児期（0歳）における言葉の前の言葉

　言葉は、子どもがより人間らしく成長していくためのコミュニケーションツールとして欠かせない。乳児期は、養育者から優しいまなざしで語りかけてもらうことにより大切にされているという喜びを感じる。この土台によって、相手に伝えたい、話したいと思えるようになる。

　言葉の発達は個人差が大きく、以下に記載する年齢についてはあくまでも目安としてほしい。始めに、言葉を発する前の乳児期から、言葉の特徴について述べていく。

（1）叫喚（きょうかん）発声から非叫喚発声へ

　赤ちゃんは、全身を力いっぱい使い、泣き叫ぶような産声を上げて誕生する。これは、肺呼吸を始める大事な発声である。生後1か月くらいまでは、空腹、おむつなどの生理的要求、痛み、突然な大きな音の反射に伴う叫喚発声がほとんどである。

　生後1、2か月経つと、呼吸器、咽頭付近の発達により少しずつ母音を使用した柔らかな「アー」「ウー」「クー」など喉を鳴らすような非叫喚発声をするようになる。このような音をクーイングと言い、心身ともに満たされている快状態の時に発せられるものである。

　生後2、3か月頃には養育者の口元をじっと見つめ、自分の口を動かそうとする。赤ちゃんが「アー」と言ったら、「アーだね。上手だね」と応答することにより、ますます声を出すようになる。

（2）　喃語（なんご）出現へ

　生後3、4か月頃には、喉や周辺の骨が発達して大人が発する言葉に近い音、母音を主とした「アウ」「アー」といった喃語を話すようにな

る。この頃は、無意味音の最盛期と言われ、機嫌の良いときに色々な声を出して楽しむようになる。その声に養育者が反応すると、それに応えて、また声を出すようになる。また、あやすと笑い声をたてるようになり、養育者の発する言葉に興味を持ち、理解していくようになる。

生後6か月頃には、「バア」「マア」と子音＋母音の規準喃語が増え、「パパパ」「ママ」と同じ音を繰り返す反復喃語が出てくるようになる。

（3）　二項関係から三項関係へ

生後１０か月頃になると、簡単な言葉が分かるようになる。それまでは、自分と養育者の「自分とヒト」、自分とおもちゃの「自分とモノ」との二項関係だったが、モノを介して「自分とヒトとモノ」の三項関係を築くようになる。養育者が犬のぬいぐるみを持って赤ちゃんに「ワンワン、かわいいね」と話しかけると、赤ちゃんも養育者の視線を追ってぬいぐるみを見るようになる。このように他者が注意を向けている対象に注意を向けたり、自分が注意を向けている対象に指差しなどで他者の注意を向けさせたりする行動を共同注意という。また、養育者の表情を見て自分の行動などを確認する社会的参照も見られるようになる。このような他者とのコミュニケーションから意味を持った言葉（有意味語）を発するようになる。

この頃は、母語のリズムで、まるでおしゃべりしているような意味のない言葉を話すようになる。これをジャーゴンと言う。喃語をたくさん組み合わせて発声し、コミュニケーションをとっているつもりなのである。胎児の頃から聴覚は機能しているため、上手く言葉に表せなくても理解する力が先に発達しており、言葉を蓄えている時期である。

2　幼児期前期（１歳〜３歳）

（1）　一語文から二語文へ

１歳前後になると、初めての言葉（初語）を発するようになる。それ

までの意味を持たない無意味語が消えて、有意味語が増えてくる。初めは「マンマ」「ブーブー」と身近な名前を話すようになる。これを一語文、または、一語発話と言う。この頃は、過大般用と言い、言葉の意味を拡大して話すことがある。例えば、「パパ」と発した時に父親のことを指すが、知らない大人の男性に対しても「パパ」と発してしまうことを指す。

1歳半頃から、「これ、ちょうだい」などと単語を組み合わせて二語文を話すようになる。語彙が急速に増加するため言葉の獲得期と言う。言葉の言い間違えが多く、テレビを「テベリ」、トンネルを「トンデル」などと言うことがある。その時は、間違えを指摘して直させるのではなく、さりげなく正しく発音して気長に覚えさせるようにするとよい。

（2） 三語以上の多語文へ

2歳前後になると、自分の周りに興味や関心を持つようになり、「これなあに」と何でも知りたがる第1質問期に入るので、話したい、知りたいという芽を育てるように丁寧に対応するとよい。また2歳半〜3歳頃には、単語三語以上を接続詞などでつなげ、「多語文」で話すようになる。例えば、「パパ　バイバイッテ　イッタッタ」などと自分の気持ちや欲求、周りの状況などを伝えられるようになる。

3　幼児後期（4歳〜6歳）

（1） 文章構成期（言葉の完成期）からおしゃべり期へ

だいたい3、4歳頃には、基本的な文法は一応獲得すると考えられ、文章構成期、または言葉の完成期と言われる。この頃は、自分の周りだけではなく、社会や自然の事物、事象などにも興味を持ち、疑問を感じるようになり、「どうして」と質問ばかりする第2質問期に入る。周りの大人が返答に困ることもあるが、クイズ形式に逆に質問するなど、楽しく丁寧に向き合うことで言葉の獲得だけでなく好奇心の芽も育っていく。

おおよそ4、5歳頃までには、過去・現在・未来などの時制を理解し、今まで蓄えてきた言葉を使い、積極的におしゃべりを楽しむようになる。

（2）　文字興味期へ

子ども達は遊びの中で文字に触れ、読んだり書いたりする機会が出てくる。保育の中では、保育室には日めくりカレンダーや当番表、その月の歌詞などが掲示され、本棚には絵本や図鑑などが並んでいるだろう。友達が絵本を読んだり、文字を書いたりする姿を見て、自分も読みたい、書きたいという気持ちが起きる。正確さにこだわらず、遊びの中で文字に興味を持ち、文字に触れる楽しさ、便利さを味わえるようにする。例えば、大型積み木で家を作り、昼食の後に再び遊びたい時に他の子ども達に壊されないように「たちいりきんし」と書いた紙を貼ることで周りに伝えることができることを知るようになる。

4　児童期（6歳〜12歳）

一次的ことばから二次的ことばへ

岡本夏木（1926 – 2009）は、言葉の特徴として、「一次的ことば」から「二次的ことば」へ移行する概念を述べている。前者は、幼児期の言葉で、家族や友達など身近な人と、モノや状況を目の前にしてコミュニケーションをとって話すことである。後者は、児童期に必要となる言葉で、一方的に不特定多数の人に対し、目の前にないモノや状況を述べることである。例えば、「遊んで楽しかった」では、その遊びの場にいなかった人には意味が通じない。書き言葉のように詳細に言葉を組み立てる必要がある。読み、書き、話し、聞くことを繰り返し、授業や学級会などで考えや意見を話すことで上達する。個人差が大きいので、教師は正しい書き言葉にとらわれず、子どもの意欲を大切にし、表現やコミュニケーションをとりやすい環境作りをする。

2　児童文化と児童文化財

1　児童文化とは

「児童文化」とは、日本独自の言葉であり、定義は明確に定められていない。そのため、大人が子どものために創るものが「児童文化」、子ども自身が創るものが「子ども文化」という意見もある。しかし、「児童文化」は、大人が子どもに与えるだけの文化ではなく、子ども自身が日常の生活の中でさまざまなヒトやモノから影響を受けて生み出した文化でもある。そこで、本書では、児童文化とは、子どもの心身の成長発達に関わる文化の総称のことを言い、①子ども自身が主体的に創造するもの、②絵本や紙芝居、児童文学、玩具など、大人が子どものために創り出した文化財のこと、③児童館や児童公園、動物園などの子どもの文化施設や、地域・団体などで子どもが参加・体験できるさまざまな文化活動、文化的建物などのこととする。

2　言葉を育む児童文化財

児童文化財とは、子どもの成長を支える文化財のことである。具体的には、絵本・幼年童話・児童文学、玩具・遊具、遊び、お話、紙芝居、人形劇、指人形、影絵、パネルシアター、ペープサート、歌などが挙げられる。コンピューターゲームや漫画を含めてもよいだろう。

絵本や幼年童話は、言葉の発達には欠かせない。身近な大人が読んでくれる物語の想像の世界を楽しむ体験は、心と言葉を豊かにする。また、子ども自身が創る「名のない遊び」や「伝承遊び」も児童文化財として大切なものである。文化がその時代に生きる人々の生活と連動しながら

変化していくように、遊びも新しい工夫を取り入れていくことで生き生きとした遊びに変化していく。児童文化財を通して言葉が育まれ、言葉を通して児童文化財が伝承され、豊かな文化が築かれていくのである。

（1）絵本

　絵本は、絵と言葉によって構成された本である。絵本には、赤ちゃん絵本、物語絵本、昔話絵本、知識の絵本、言葉の絵本、文字のない絵本、写真絵本、仕掛け絵本などがある。優れた絵本は、絵と言葉が心地良く融合され、物語を展開していく。子どもは、身近な大人が読んでくれる絵本をそばで聞くことにより心が解放され、物語の世界へ引き込まれていく。絵本の世界で楽しんだり、悲しんだり、冒険したり、とさまざまな体験をすることは貴重な経験となる。

　乳児期は、言葉を蓄えている時期であり、生活に密着した絵本から身近な動物や果物、乗り物などモノの名前を伝えていくべきである。1歳半頃は、言葉の獲得期なので、好きな絵本を繰り返し読み聞かせしていると、言葉を覚え話すことを楽しむようになる。2歳半頃から、物語も楽しめるようになり、好きな絵本を「読んで」と求めてきたときには求めに応じ読んであげたい。3歳半頃からは、絵本を読んであげると最後まで聞き、物語の内容を理解しようとするようになる。『てぶくろ』（エウゲーニー・M・ラチョフ絵、うちだりさこ訳）や『おおきなかぶ』（A.トルストイ著、佐藤忠良絵、内田莉莎子訳）は簡単な物語で同じ言葉の繰り返しがあるため、一緒に言葉の繰り返しを楽しむことができる。4歳半頃には、言葉の発達と共に想像力も豊かになり、自分の経験や知識と結びつけて内容を理解しようとするようになる。『もりのなか』（マリー・ホール・エッツ著・絵、まさきるりこ訳）は空想の世界の中で動物達と遊ぶが、最後にお父さんがお迎えに来て現実の世界へ戻ってくる話である。夢中で遊んでいても気持ちに整理をつけ、帰宅することも共感できるだろう。また、昔話絵本は日常にない言葉、生活様式を知ることができ、人生や自然の厳しさを単純明快な話で分かりやすく伝えてくれる。言葉の語りが「すっとん

とーん」「とっぴんぱらりのぷう」などリズミカルで言葉の楽しさもある。

（２）童話

　童話とは、児童文学の一つであり、子どもを対象とした文学性がある読み物である。主に５、６歳から小学校低学年の子どもを対象とし、絵本から児童文学の狭間に位置しているのが、幼年童話と言える。文字を覚え始めた子ども達には、まず大人が読み聞かせをして物語の世界を想像する楽しみをつくってあげたい。もちろん、自分で読む楽しさを経験することは大事ではあるが、子どもに文字を覚えさせる手段として与えるのではなく、あくまでも物語の楽しさを十分に味わってほしいという大人の姿勢が望ましい。小学校に入学した後も、就寝前に読み聞かせをして親子が共有できる時間を持つとよい。

　保育では、年長児の帰りの会などに毎日少しずつ読み聞かせをすると、とても楽しみにして続きを聞きたがる。『いやいやえん』（中川李枝子作、大村百合子絵）や『ロボット・カミィ』（古田足日作、堀内誠一絵）、『エルマーのぼうけん』（ルース・スタイルス・ガネット著、ルース・クリスマン・ガネット絵、渡辺茂男訳）などは、舞台が保育園だったり、同年齢ぐらいの子どもが主人公だったりするので、自分自身と重ね合わせ共感しながら聞ける。読み聞かせの後、冒険ごっこ、ロボット作り、劇遊びと、遊びを深めていくこともある。また、童話から得られる言葉の表現や言葉の背景から登場人物の気持ちを想像することは、言葉だけでなく心も豊かにする。

（３）　伝承遊び

　小川清実は、伝承遊びとは、①かつて伝承されていた遊び、②現在も伝承されている遊び、③新しく起こり、これからも伝承されていく可能性の高い遊びと定義している。前述したが、文化も遊びも常に変化していくものであると考えると、小川の③を含む定義が適当と考える。

　今でも時々、子どもの頃にきょうだいやその友達、年が異なるいとことで遊んだ情景が目に浮かぶ。その時の風景、風の心地よさ・寒さ・暑さ、そして言葉のやり取りまでもが鮮明に思い出される。五感を通して

主体的に遊んだ経験だからこそ、いつまでも心の中に残っているのだろう。異年齢構成での遊びは、ルールを変更して年少者が参加しやすく、みんなが楽しく遊べる工夫をしていた。少し大きくなり、年上の子達と同じルールで遊ぶことができた時は、ちょっと誇らしげな気持ちになったものである。

　それでは、異年齢で遊ぶ伝承遊びにはどのような良さがあるのだろう。

　集団で遊ぶ「缶蹴り」や「かくれんぼ」などは、ルールを守ることで遊びの楽しさが分かり、社会性を培うことができる。「茶摘み」などの歌遊びや、「おしくらまんじゅう」などは、友達とスキンシップをとり、人との関わり方を深めていくことができる。また、技術を必要とするコマ回し、メンコ、あやとりなどは、年上の子どもから教えてもらったり、見よう見まねで技を覚えようとしたりするなど挑戦する気持ちを持つことができる。遊びを楽しく継続させるためには、言葉の伝え方、聴き方など上手なコミュニケーションが必要となる。このように伝承遊びを通して、より社会性や協調性などが育まれ、人間関係が育っていくと考える。

　しかし、少子化が進み地域の集団活動が失われている今、子ども達は、遊ぶ「仲間」、「空間」、「時間」がなくなり、遊びが伝承されることもなくなってきた。それゆえに、幼稚園や保育所などは、年長児から下の学年の子ども達へ遊びを伝承できる貴重な場所である。下の学年の子ども達は、年長児の遊び方や遊びのルールをまねたり、一緒に参加したりして覚えていくことができる。そのためには、まず保育者が伝承遊びを体験した上で、その魅力や面白さを子ども達に伝えてい。

【引用・参考文献】
　岡本夏木『ことばと発達』岩波書店、1985 年
　谷田貝公昭・大沢裕監修『初年次教育ワークブック』一藝社、2018 年
　橋本美保編集『改訂版教職用語辞典』一藝社、2019 年
　谷田貝公昭・廣澤満之編者『保育内容シリーズ 4 言葉』一藝社、2018 年
　小川清実『子どもに伝えたい伝承遊び』萌木書林 2001 年、PP.11

9章
子どもの表現活動

1 造形表現

1 子どもの生活の中での造形表現

　子どもが表現をするということは、こころの趣くままに自由であり、こころを解放する手段として気負うことなくリラックスすることができる行為である。また、人がこの世に誕生すると同時に産声を上げる行為も表現なのである。子どもは成長とともに、喜怒哀楽を顔で表し、手を動かし、声を出し、身体の部分を使い表現するようになってくる。

　生活の中で大人にとっては何でもないことを、子どもは目をキラキラ輝かせて、美しいものを美しいと感じ、全身全霊で表現したいと思うのである。その瞬間に保育者として立ち会うことができる。子どもの自己表現は素朴な発想から生まれてくるのである。

　自由な発想を第一に考え、子どもが持つ無限に広がるイメージの表現に必要な手助けをし、様々な角度から支援し、表現意欲を引き出せることができれば、子どもにとって最高の喜びとなる。

　幼児教育における幼稚園指導要領や保育所保育指針の五領域である「表現」は、感じたことや考えたこと自分なりに表現することを通して、豊かな感性や表現する力を養い、創造性を豊かにする」ことである。「表現」は音楽表現・造形表現・身体表現として区分されているが、幼児期の子どもにとって表現することは自由発想であり、生活のあらゆる側面すべてが子どもの自己表現なのである。

2 子どもの遊びとイメージ

　人が人として生まれ育ち、自然と直接的体験を通してからこそ生まれ

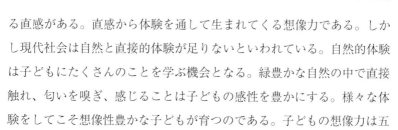

る直感がある。直感から体験を通して生まれてくる想像力である。しかし現代社会は自然と直接的体験が足りないといわれている。自然的体験は子どもにたくさんのことを学ぶ機会となる。緑豊かな自然の中で直接触れ、匂いを嗅ぎ、感じることは子どもの感性を豊かにする。様々な体験をしてこそ想像性豊かな子どもが育つのである。子どもの想像力は五感を通して想像することができる。子どもにとって感性を育てることは想像力を育てるということと比例するのである。

3　子どもの遊びと創造

現代は物で溢れている。物で溢れている中で、子どもは与えられたものでしか遊ばなくなっている傾向にある。子どもの遊びの姿とは、創りだす喜び、創造性の素晴らしさや発想性の繰り返しこそが、本来あるべき子どもの遊びの姿ではないであろうか。

子どもに本質は遊ぶことにある。したがって、遊びとは自発的なものである。遊びの基本にある自発性において、そのベースとなるのが好奇心である。好奇心がベースとなって遊び繰り広げられる。好奇心があるからこそ自発的になり遊ぶようになる。つまり、子どもの自発性を育てるためには子どもが本来もっている好奇心を育てることが必要なのである。ただ、子どもが好奇心を発揮しようにも発揮する事柄、行動がなければ発揮することができない。そのために、子どもを豊かな環境、多様な環境に積極的にさらすことが大切なことである。なにより好奇心を育てるには、周りの環境や、関わる人間関係が必要となるのである。

子どもの生活は遊びであるといわれるほど、生活と遊びは一体であり自由である。子どもの活動のほとんどが遊びの性格を持ち、遊びを通してさまざまなことを学習している。対人関係を伴う決まりごとで順番など無意識のうちにコミュニケーションの取り方を学のである。

2　子どもの造形表現活動と芸術

1　子どもと芸術

　子どものこころは純粋で汚れを知らない。子どもは、生活の中で芸術的な美しさを無意識に見つけ出そうとしている。あたかもそれは、子どもが要求しているようにも思われる。子どもを取り巻く環境や自然の移り変わりにより、子どもの身に起こる新しい事実に対し、興味深く好奇心を持って、発見の喜びを全身の感覚で受け止めている。水や砂、粘土のような触感覚な遊びを十分に過ごした子どもは、豊かな情緒が養われ、社会性の広がりとともに創造性に満ちた造形活動の発達が見られるであろう。現代社会は直接的な体験が足りないといわれ、感性豊かなイメージが育たない。様々な体験をしてこそ感性豊かな創造が育つのである。子どもにとって感性を育てることは創造性を育てることでもある。しかし成長と共に様々な外的要因から純粋な創造は変化をもたらせるのである。

2　環境の変化

　現代社会の生活環境の変化などによって、子どもの表現活動にも変化が生じているのも事実である。遊ばない子どもが増えてきたのは、現代社会における負の現象であるが、幼児の遊びを通してこそ解決されることなのである。子どもは、無意識な存在であり、全て善である。保育者が手本となり、正しい姿勢を子どもに見せない限り、善悪の判断が分からないのである。子どもは生活の大部分を創造の中で過ごしており、子どもの遊びは、子どもの生活における表現でもある。子どもの自由な表

現、無意識な存在こそが、本来の子どもらしい表現なのである。感性豊かに、創造の世界のすばらしさを表現することにより、無限に広がる創造を自由な発想で表現できる環境をつくり出さなくてはならない。保育者はさまざまな角度から手助けをすることが必要とされている。

3　子どもの表現意欲

　子どもは、誕生の瞬間から自分自身を表現し始める。表現方法は単純かつ純粋で、誰も寄せ付けることのできない空想世界が子どもの心を支配しているのではないかと思うような表現をすることが多くある。「日本における美術教育は教育に携わっている教員の評価方法で、純粋かつ柔軟な子どもの澄んだ心に、ある価値観を植え付けてしまうのである。本来、絵を描くことは評価されるのが目的ではない。つまり、表現をするという行為は子どもから大人までの本能的な欲求である」と岡本太郎（1911 ～ 1998）は述べている。

　幼児期から小学校低学年の時期は、保育者や保護者が絵を描いたことを褒め、子どもは褒められることでさらに絵を描き、その繰り返しにより自由にかつ大胆に表現ができていたはずである。それが、時の経過とともに、優劣が評価の対象となり、絵の好きだったはずの子どもがしだいに、絵を描くことへの興味や関心がうせてしまうのである。

　子どもの表現は、保育者から受け入れられているという信頼関係で計り知れない能力を発揮するものである。子どもは、自分の自由な行動を受け入れてくれる保育者を愛に満ちていると感じる。それは、子どもの本能的感覚である。保育者は、子どもたちに大きな励ましを与えることである。「よくできたね」「すごいね」といった一言が、子どもにとって大きな自信と力になり、予想をはるかに超えた能力を発揮するのである。それらが、子どもの無限に広がる表現力につながってくる。お互いの信頼関係こそが、子どもの感性豊かな表現力の手助けになるのである。

子どもの表現力は大人が想像する以上に直感力にすぐれている。保育者として子どもの表現を暖かく見守ることが大切である。純粋にそして透明な子どものこころを大切にしてほしい。保育者自身が絶え間ない善意ある関心を子どもたちに向けてこそ、子どもの表現は大きく開花するであろう。

3　音楽表現

1　マザリーズと歌いかけ

　子どもを取り巻く環境には多くの音や音楽が溢れている。その音を聴き分けたり、情報を得たり、会話をしたり、さらには音楽を聴いたりするために必要な聴く力は、まだ母親の胎内にいる胎児のころから機能している。胎児には母親の話し声や呼吸、血液の流れる音などが聞こえている。また、胎児の耳には、直接聞く音とは異なるが、母親の身体を通して外界の音や音楽も届いている。それらの音を胎児は知覚し、記憶している。このような音の中でも母親の話しかける声は直接届くため胎児の記憶にしっかりと残り、誕生後の赤ちゃんは、マザリーズと呼ばれる母親による特徴的な語りかけを好んで聴き分けるようになる。

　マザリーズの特徴として、やや高めのピッチ、ゆっくりとした速度、大きく付く抑揚が挙げられる。また、マザリーズはいかなる言語圏、民族にあっても普遍的な現象である。マザリーズでの語りかけは、乳幼児の注意をひきつけ、乳幼児に安心感を与える。さらに、マザリーズは、乳幼児の脳内の言語野を刺激し、言語獲得にも影響を与える。

　子守歌などの乳幼児への歌いかけは、マザリーズの特徴を顕著に有している。歌いかけは、聴覚情報（ピッチの高低）に加えて、視覚情報

（口の動き）が大きく、マザリーズの効果をより一層高めることとなる。乳幼児は他の発声に比べて歌いかけをより好む。また、このような歌いかけの特徴は、マザリーズ同様乳幼児の言語発達を促す。さらに、絵本の読み聞かせ時に歌いかけをすることが、乳幼児の共感能力やコミュニケーション能力を高めることにもつながっていくと考えられている。

　音楽は様々な感情を惹き起こし、心身の健康にも寄与する。さらに、感情は行動に影響を与える。聴いている音や音楽によって個人の行動は変化する。どのような音や音楽を聴いて育っていくかは、子どもの行動を決定する要因の一つとなり得る。乳幼児にとって母親の声は一つの音であり音楽である。聞こえてくる声が心地よいものであるかどうかは、乳幼児の成長に影響を及ぼしていく。マザリーズや歌いかけについて、このような視点から捉えることは子どもの成長にとって重要である。

2　子どもが生み出す歌

　子どもにとって、音楽は遊びの一つである。身の回りにあるものを触ったり叩いたりして、触感や響きの探索を楽しむこともある。また、擬音語や言葉を繰り返すことから、強弱や抑揚の幅が広がり、やがて歌に発展することもある。さらには、音だけではなく身体の動きが加わることも多々ある。それらは拙い表現かもしれないが、その時の子どもの内面が素直に表された立派な音楽である。次に、それら子どもが生み出す歌にどのような特徴があるのかを見ていく。

　子どもが生み出す歌は、子どもが育った環境や文化、特に毎日話す言葉の影響を受けている。別宮貞徳 (1927 ～) は『日本語のリズム－四拍子文化論』で、日本語の特徴としてどの音（音節）もほぼ同じ長さで発音されること、撥音、促音、長音も一つの音節として数えられること、二音節ずつが一つにまとめられて組み立てられること、適宜に間を入れて四拍子を指向することを挙げている。幼稚園、保育所で一斉に挨拶す

るときにも「<u>いた だき ます</u>」や「<u>こん にち は</u>」というように、4拍子の拍節が感じられる。我々日本人は、こうした拍節にのって応答する能力を子どもの頃から自然に身に付けている。

　また、日本語は高低2レベルのアクセントを持つ。子どもが遊びの中で、言葉を拍節的に繰り返すことから、長2度音程のみで歌われるわらべうたのような歌をつくり出すことは多々ある。

　さらに、藤田芙美子 (1940 〜) は『講座　幼児の生活と教育4 理解と表現の発達』の中で、子ども達が「危ないよー、危なくないよ」という応答を繰り返し、それが歌のようにまとまっていく様子を分析し、子どもによって作り出される歌の音響構造は、一呼吸周期で発声される言葉を基礎的な単位とし、その行動が起こったときの子どもの表現意欲の強さ、呼吸の長さ、日本語の音構造を変数として決定されることを示している。

　表現意欲が強まるとき、高い音で発声される音節は語気によって押し上げられ、語の音節の音高関係は拡大され、言葉はより歌に近づいていく。子どもが生み出す歌はこのように創られていく。

3　生活の中の音楽

　幼稚園、保育所、小学校には、様々な場面に音や音楽がある。入園式や入学式、運動会、学芸会等の行事には必ず音楽がある。運動会の応援では拍節的なリズムの手拍子、学芸会では効果音など音楽の要素も用いられている。幼稚園や保育所では、朝の歌、お弁当のうた、帰りの歌など生活の歌が一日に何回も歌われる。小学校では、授業の開始や終了を告げるチャイムが流される。また、「よろしくおねがいします」「さようなら」など学級全員で拍節的に唱えることも多々ある。さらには、整列するときや、集合するときなどにも音楽が使われている。

　子ども達はこのような音や音楽からも様々なことを学び習得してい

る。例えば、音楽に合わせて身体を動かす能力、リズム感、多様な様式の音楽に耳を開き体感すること、ルールに従って行動すること、集団の一員としての役割を意識した行動をすることなどが考えられる。生活の中の音や音楽に接することから、子ども達は社会の中で音楽がどのような目的を持って使われているかも学んでいるといえる。

メリアム (A.P.Merriam,1923 ～ 1980) は社会の中で音楽が使われる理由や目的、意味を以下の 10 項目の機能として挙げている。

①情緒表現　　　　　　　⑥身体反応を起こす

②審美的享受　　　　　　⑦社会規範への適合を強化する

③娯楽　　　　　　　　　⑧社会制度と宗教儀礼を成立させる

④伝達　　　　　　　　　⑨文化の存続と安定に寄与する

⑤象徴表現　　　　　　　10 社会の統一に貢献する

保育や教育の場では、これまで音楽というと、「審美性」を中心に語られることが多く、審美性を追求するための過度な表現技術の指導が問題になってきた。一方、子どもを揃って行動させるために、安易に音楽を利用する場面も多くあった。音楽は既に保育や教育の様々な場面で使われているが、改めて音楽の機能について理解を深め、人間にとっての音楽、子どもにとっての音楽についてさらに塾考することから、子どもの音楽表現を捉え直すことが必要とされている。

【引用・参考文献】
髙橋弥生編者『子ども学がやってきた』一藝社、2017 年
ハーバート・リード／宮脇理ほか訳『芸術による教育』フィルムアート社、2001 年、153 頁
ジョン・ロック／北本正章訳『子どもの教育』原書房、2011 年、161 頁
谷田貝公昭監修『新版 保育内容シリーズ 造形表現』一藝社、2018 年
梅本堯夫『子どもと音楽』東京大学出版会、1999 年
今福理博「「幼児期の終わりまでに育ってほしい姿」とは何か：乳幼児教育における心理学的視点からの一考察』武蔵野教育学論集、第 5 号、pp.163-173、2018 年
児玉珠美『乳幼児期における歌いかけの意義－デンマークのベビー賛美歌－』名古屋女子大学紀要 64 巻、pp377-386、2018 年
藤田芙美子ほか『講座 幼児の生活と教育 4 理解と表現の発達』岩波書店、1994 年
別宮貞徳『日本語のリズム－四拍子文化論』筑摩書房、1977 年
アラン・P・メリアム、藤井知明、鈴木道子訳『音楽人類学』音楽之友社、1980 年

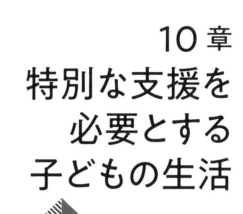

10章
特別な支援を
必要とする
子どもの生活

1 特別な配慮が必要とする子ども

1 特別な配慮が必要とする子どもとは

　保育における特別な配慮が必要な子どもがいる。井上によれば特別な配慮が必要な支援対象は、多胎児・低出生体重児、慢性疾患、障害や発達上の課題、ひとり親家庭、貧困家庭、外国籍家庭、不適切な養育の家庭である。子どもに対する特別な配慮が必要な場合、その子の保護者、家庭にも特別な配慮が求められることがある。また保育における特別な配慮では、その特別な配慮が必要な子どもへの個別の対応と、他児を含めた保育所での生活全般に目を配った支援の両方を行う必要がある。

2 「ちょっと気になる」子ども、「気になる」子ども

　近年、「気になる子ども」や「ちょっと気になる子ども」などの表現が用いられながら、気になる子どもに対する理解や保育の中での支援の在り方について検討されている。

　保育者にとって「ちょっと気になる」子どもと考えた事例を示す。

事例「ちょっと気になる」年中児A君

　保育園の活動の中で、A君は好きな活動には積極的に参加する。例えば絵本や紙芝居には一番前に座ってじっくりと聞けるのだ。しかしA君が苦手な活動には参加しない。先生がクラス全体に向けた話をすると、ふらふらと教室から出て行ってしまう。A君が好きなフリーの先生が近くにいなくなると、椅子をかたかた鳴らして、しばらくすると床に寝転がってしまう。「A君なにしてるの」と友達

から言われると A 君は保育室から出て行ってしまった。発達検査
をとったところ、検査の課題と順々にこなし、やりとりが可能で知
的な遅れは見られなかった。

　本郷らによれば、「気になる」子どもの特徴として、①対人トラブル
②落ち着きのなさ③状況への順応性の低さ④ルール違反⑤衝動性があげ
られている。これらの「気になる」子どもの特徴と年齢との関係を見る
と、①対人トラブルは、年齢の高くなるほど子ども間のトラブルの頻度
や激しさが増し、顕著なものとして保育者に認識されやすい。②落ち着
きのなさや③状況への順応性の低さは比較的年少のころからの特徴的な
傾向である。④ルール違反は比較的年少の時からみられるが、6歳児の
群でさらに上昇する傾向が見られた。このことは6歳児では鬼ごっこな
どルールを使った遊びが保育に導入されることと関係している。

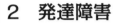

2　発達障害

1　発達障害とは

「気になる」子どもと関連する障害として発達障害があげられる。もち
ろん「気になる」子どもの全てが発達障害児というわけではない。しか
し「気になる」子どもの中には発達障害や、知的障害、情緒障害と判定
される子どももいる

　発達障害（Developmental Disorders）の定義は医学や心理学の分野
でさまざまな見解があり、明確に定まっていない。発達障害者支援法
（厚生労働省、2005）においては、「この法律において「発達障害」とは、
自閉症、アスペルガー症候群その他の広汎性発達障害、学習障害、注意

欠陥多動性障害その他これに類する脳機能の障害であってその症状が通常低年齢において発現するものとして政令で定めるものをいう。」と定義されていた。すなわち知的障害を含まない広汎性発達障害、学習障害、注意欠陥多動性障害として使われることが多かった。

　発達障害者支援法（厚生労働省、2005）に施行されてから、発達障害者に対する支援は着実に進展し、発達障害に対する国民の理解も広がってきた。一方発達障害者支援法の施行から10年が経過し、乳幼児期から高齢期までの切れ目のない支援など、時代の変化に対応したよりきめ細かな支援が求められ、「発達障害者支援法の一部を改正する法律（平成28年法律第64号）」は2016年に施行された。

　一方医学の分野では、2つの国際的な診断基準が広く用いられている。それは世界保健機構（WHO）の国際疾患分類のICD-10と、アメリカ精神医学会の診断マニュアル（DSM）である。診断マニュアルは何度か改訂され、現在のDSM-5（APA,2014）になった。

2　発達障害の種類

　DSM-Ⅳ-TR（APA,2000）では、広汎性発達障害の下位分類には、①自閉性障害、②レット障害、③小児期崩壊性障害、④アスペルガー障害、⑤特定不能の広汎性発達障害があった。DSM-5（APA,2014）では、広汎性発達障害の下位分類をなくし、アスペルガー障害等の呼称を廃止し、全体として自閉症スペクトラム障害として取り扱っている。また重症度水準（レベル1　支援を要する、レベル2　十分な支援を要する、レベル3　非常に十分な支援を要する）が新設された。症状は発達早期に存在していなければならない。しかし社会的要求が能力の限界を超えるまでは症状は完全に明らかにならないかもしれないし、その後の生活で学んだ対応の仕方によって隠されている場合もあると明記されている。

　現在のDSM-5（APA,2014）に示された発達障害では、知的能力障

害、自閉症スペクトラム障害、限局性学習障害、運動障害、コミュニケーション障害、注意欠如・多動性障害等があげられている。

3　自閉症スペクトラム障害の基本症状

　自閉症スペクトラム障害の基本症状としては、①社会的コミュニケーション及び対人的相互関係における持続的障害②行動、興味、及び活動の限定された反復的な行動様式といった基本症状がある。このような「カナータイプ」と言われる典型的な自閉症の特徴を持つ「昔の自閉症の概念」だけでなく、高機能自閉症やアスペルガー障害を含めた発達障害全体を指して広義に使われるようになっている。乳幼児期に見られる自閉症スペクトラム障害の特徴は以下の通りである。

　1）社会的コミュニケーション及び対人的相互関係における持続的障害

　視線が合わない。人見知りがない。母親に対する分離不安がなく、親から離れて行ってしまう。一人遊びを好む。単調でパターン的な遊びを繰りかえすなど。言葉の発達の遅れがあった。ことばが出てきてもオウム返し（エコラリア、反響言語）で反応する。独り言が見られ、自ら話したいことを話しているが、会話で他の人とやりとりをするのに苦手である。

　2）行動、興味、及び活動の限定された反復的な行動様式

　換気扇など回るものをずっと見る。手のひらをひらひらさせたり、横目、くるくる回るなどの行動が見られる。おもちゃのミニカーをきちんと一直線に並べずにはいられない。買い物や通園などでいつもと違う道を通るとパニックなるなど本人にとって決められたことにこだわる。玄関を出るときにはかならず右足から出なければ気が済まないといった儀式的なきまりを決めている子どももいる。記号や数字などの暗記が得意で「○○博士」などと呼ばれるほど知識が豊富なこともある。

3 障害をもった子どもたちとの共生

1 「気になる」子どもの理解と対応

「ちょっと気になる」と考えられていた子どもが気にならない存在に変化する事例も報告されている。「気になる」子どもの行動は固定的なものではなく、周りの子どもたちの発達や相互作用、保育内容によって顕著になったり、目立たなくなったりする。そのため「気になる」子どもを取り巻く物的環境、人的環境の状態を把握しながら対応していく必要がある。本郷は、「気になる」子どもの行動チェックリストを作成している。「気になる」子どもに関わる保育者たちがチェックリストの記入をし、チェックリストの結果を比較することによって「気になる」子どもの行動特徴、子どもの特徴を浮き彫りにすることができる。子どもに関する情報を共有し、保育方針を共有しながら保育を改善する一助となる。

　保育園や幼稚園は集団で活動する場であるが、「気になる」子によっては集団参加が難しい場合がある。「気になる」子どもなりの集団参加のあり方を尊重していくことが必要である。集団内で遊べるように無理強いをせず、「気になる」子どもが好きな遊びを十分に楽しめる時間を作ることも必要である。また「気になる」子どもが好む遊びを把握し、好きな遊びで一緒に遊べる機会を作り、小集団の中で少しずつ慣れて遊ぶことがのぞましい。また周囲の子どもたちに「気になる」子どもの気持ちを説明し、周囲の子どもが「気になる」子どもへの理解を促す。「気になる」子に合わせた集団参加の在り方を模索し対応していくことがのぞまれる。

2　発達障害の子どもの特性理解と共生への取り組み

　保育者は発達障害の子どもとまず信頼関係を形成し、園における安全基地となっていくことである。そして子どもの状態を把握する。発達障害の子どもは知的側面や情報処理過程におけるアンバランスさを持っているため、心理検査を受け、アセスメントを行うことがのぞましい。子どもの状態を正しく知ることによって、その子どもに合わせた対応ができる。保育者が検査を実施する機会がなくても、検査結果と、普段の子どもの姿と結びつけて、子どもを全体的な理解していくことが必要である。また診断名で対応の全てが決まるわけではない。アセスメントから得られた結果を元に、子どもの一人ひとりの発達に合わせて、スモールステップで無理なく取り組み、子どもが保育活動に参加し、楽しめることを増やしていくことが必要である。

　また発達障害の子どもは「変わった子」「自分勝手でわがままな子」と誤解を受け、障害による行動や学習上の問題を本人の努力不足とみなされることもある。できないことを執拗に求められるなど不適切な対応や度重なる否定的な反応を受ける機会が増加すると、子どもの自尊心や自己評価を低下させ、否定的な行動が増加する。このような悪循環によって示される問題を二次的障害という。子どもの示す症状は子どもがもともと持っている症状に加えて、子どもが生活する環境や人間関係の中でもたらされる。それゆえ発達障害は二次的障害も含めて理解すべきであり、二次的障害が生じることがないように早急に子どもへの対応をするべきである。

　発達に障害を持っている子どもも、障害を持たない子どもも共に安心して生活でき、楽しく居心地が良いと感じられる環境づくりが肝要である。そして集団生活の中で子どもが仲間との関わる楽しさを感じ、「友達と遊びたい」、「友達と関わりたい」と自発的に思う心を育てることが

107

大切である。

3　障害をもった子どもの保護者の心理

　障害を持った子どもの保護者がどのように障害を受容していくかについて、ドローターが第1段階（ショック）、第2段階（不安や否認）、第3段階（悲しみや怒り）第4段階（適応）への段階を追って受容する段階説を示した。ドローターが示すように障害の段階を経て受容した後には適応が続き、安定したものなのか。子どもの障害を受容しても、環境の変化や子どもの成長ともに、また新たな問題が起き、それに対する悩みもうまれてくることもある。

　牛尾によれば保護者が障害を受容するまでには、子どもの障害によって受容過程が異なっていて、受容する過程も一様ではなく、障害の受容過程は常に直線的、段階的に進行し、変化していくものではなく、行きつ戻りつしながら進行していく。そのような揺れ動く保護者の心を保育者は共感し、支援していく必要がある。

4　健やかな子どもの成長のために必要な保護者支援

　保育者は子どもへの保育の専門家であるとともに、保護者からの相談に応えられる専門的な知識と技術が必要である。子育てへの悩みをかかえた保護者が話をしたいと思えるような雰囲気作りを心がけるべきである。そして保護者の話をただ漠然と聞くのではなく、保護者の話を傾聴する。「今の保護者の状態ですのであれば、今語っている通りなんだろうなあ」と傾聴し、その保護者のある感情は受容し、ある感情を否認するということはしない。保護者の話をしっかりと聴かずに「でもね、お母さん・・・」と切り返す言葉を発した途端、保護者は二度と保育者を信頼し相談することはない。とにかく保護者の話をしっかりと心を傾け

て聴く。保護者は話を聴いてもらえることによって、保育者と信頼関係を築いていく。

　傾聴することにはさまざまなメリットがある。聴くことは情報を得ることでき、相手が何を感じ、何を考え、何をしようとしているのか理解しやすくなる。また聴くことは同時に話している人の存在に肯定し、注目し、尊敬している行為となる。聴くことは相手との関係を安定させる。傾聴できれば、保護者の気持ちを受容し、共感的に理解できるようになる。保護者支援は健やかな子どもの成長のためにも重要である。つまり保育者はカウンセリングマインドを持って接していく必要がある。保育の営みの中でのカウンセリングマインドとは、カウンセリング活動そのものでなく、保育者が、幼児や保護者の立場を尊重したかかわりをしていけるようになるという保育者の基本的姿勢である。一人ひとりの子どもや保護者を共感的に理解し、保護者と信頼関係や協力関係を作りだし、子どもの生活を支えていくことが保育者に求められている。

【引用・参考文献】
APA　2000年（監訳高橋三郎ら）ＤＳＭ-Ⅳ-TR　精神疾患の分類と診断の手引　医学書院
APA　2014年（監訳高橋三郎ら）ＤＳＭ-5　精神疾患の分類と診断の手引　医学書院
Drotar,D.,Baskiewicz,A.,Irvin,N.,Kenell,J.,&Klaus,M. 1975 The adaptation of parent's to the birth of an infant with a congenital malformation :A hypothetical model. Pediatrics, 56, 710-717.
刑部育子　1998年　「ちょっと気になる子ども」の集団への参加過程に関する関係論的分析　発達心理学研究　9(1)　p 1-11
厚生労働省2005年　発達障害者支援施策について
http://www.mhlw.go.jp/topics/2005/04/tp0412-1b.html
本郷一夫ら編　2006年　「気になる」子どもの保育と保護者支援　建帛社
井上美鈴著　2019年　特別な配慮を要する子どもと家庭　原信夫　井上美鈴編　『子ども家庭支援の心理学』　北樹出版
文部科学省　2016年発達障害者支援法の一部を改正する法律の施行について
http://www.mext.go.jp/a_menu/shotou/tokubetu/main/1377400.html
牛尾艶子　1998年　重症心身障碍児を持つ母親の人間的成長過程についての研究　小児保健研究, 57, 63-70

11章
子どもの人権

1　子どもの人権の意義

1　人権とは何か

　人には、人間であるという理由だけで保障されるべき権利がある。それは「人権」とよばれる、すべての人々が生命と自由を確保し、それぞれの幸福を追求する権利である。

　しかし、この人権が具体的にどんなものであるのか、なぜ大切なのか今の日本では、理解しにくいかもしれない。なぜなら、戦後の日本社会はおおむね人権が尊重された社会だからである。他人に迷惑をかけない限りは、政府を批判したからと言って逮捕されることはない。職業を選ぶことも住む場所を決めることも原則は自由である。内心で何を考えてもよいし、何を表現してもよいということになっている。これらの自由は戦前は十分に保障されていなかった。また、世界にはこのような基本的権利が認められていない国が未だ多数ある。

2　子どもの人権

　子どもにも当然、成人と同じように人権があり、その価値に違いはない。しかし、子どもは成長途上で心身ともに未熟な存在である。そのため大人と同様に生命と自由を自ら守り、幸福を追求する力が十分にはない。子どもの権利については、大人がその具体的内容と保障について積極的に形作ることが必要である。

　子どもの権利保障への取組みを明確に宣言した国際基準として「子どもの権利に関する条約 (児童の権利条約)」がある。この条約は，1989年に第 44 回国連総会において採択され、我が国は 6 年後の 1994 年に批

准した。

　子どもの権利に関する条約は、前文と本文 54 条からなり、子どもの生存、発達、保護、参加という包括的な権利を実現・確保するために必要となる具体的な事項を規定している。

　この条約に示されている子どもの権利を侵害する問題は日本においても「児童虐待」「子どもの貧困」「いじめ問題」「非行問題」として存在し大きな課題となっている。

2　子どもの貧困

1　子どもの貧困とは何か

　近年、子どもの貧困に対する社会的関心が高まっている。我が国で問題となっているのは、今日明日の食べ物がないというような絶対的貧困ではなく、一般的な生活水準と比較し、その半分にも満たない貧しい生活水準で暮らしている子どもの暮らし、相対的貧困である。「生存」は確保できているが「健康で文化的な生活」を送ることができない状態のことである。

　2015 年現在、我が国の子どもの貧困率は 13.9％であり子ども 7 人に 1 人は相対的貧困の状態にある。OECD 加盟国 36 ヵ国の中で 3 番めの高さとなっていて、特にひとり親家庭の貧困率は 50.8％と極めて高い水準となっている。

2　相対的貧困は何が問題か

　この「相対的貧困」の状態にあることは子どもの育ちや成長にどのよ

うな影響を与えるのだろうか。家庭が経済的に余裕がないと衣食や余暇、習い事にかける費用が抑えられることとなろう。体調が悪くなっても病院に行くことを躊躇しがちになるかもしれない。このような状態は周りの家庭との比較することで子どもの自尊心を低めるかもしれない。相対的貧困は特に、教育面の格差に繋がりやすいと言われている。学歴がすべてではないが、必要な知識の習得や資格取得が絶たれることで自分の希望する職を諦めざるを得ない場合もある。

とくに「ひとり親」の家庭で親族の援助が見込めない世帯は生活費などを稼ぐために安い時給で長時間働いたり、仕事を昼も夜も掛け持ちすることがある。そのため、保護者が心身ともに疲れてしまい、時間の余裕もなくなり子どもの養育が不十分となる。ケースによっては児童虐待と呼ばれてしまう状況まで陥ってしまう場合もある。

3 児童虐待

1 児童虐待とはなにか

児童虐待は、最悪の場合子どもの生命を奪い、また子どもの心身の成長及び人格の形成に重大な打撃を与える行為である。そのため、子どもに対する最大の権利侵害であると言われている。この「児童虐待」の内容については、児童虐待の防止等に関する法律（以下、「児童虐待防止法」という。）の第2条に定義されている。

それによると児童虐待とは「保護者がその監護する児童について行う」行為で、

①身体的虐待、②性的虐待、③ネグレクト、④心理的虐待の4つの行為を指す。

　なお、ここで言う「保護者」とは実親だけでなく、親権を行う者、未成年後見人その他の者で、児童を現に監護するものすべてが含まれる。

　①身体的虐待は「児童の身体に外傷が生じ、又は生じるおそれのある暴行を加えること」である。例としては、殴る、蹴る、投げ落とす、激しく揺さぶる、やけどを負わせる、溺れさせる、首を絞める、縄などにより一室に拘束するなど

　②性的虐待は「児童にわいせつな行為をすること又は児童をしてわいせつな行為をさせること」である。例としては、子どもへの性的行為、性的行為を見せる、性器を触る又は触らせる、ポルノグラフィの被写体にするなど

　③ネグレクトは「児童の心身の正常な発達を妨げるような著しい減食」「長時間の放置」「保護者以外の同居人による"身体的虐待""性的虐待""心理的虐待"の放置その他の保護者としての監護を著しく怠ること」の3つが含まれる。例としては、家に閉じ込める、食事を与えない、ひどく不潔にする、自動車の中に放置する、重い病気になっても病院に連れて行かないなど

　④心理的虐待は「児童に対する著しい暴言」「著しく拒絶的な対応」「児童が同居する家庭における配偶者に対する暴力その他の児童に著しい心理的外傷を与える言動を行うこと」である。前者の例としては、言葉による脅し、無視、きょうだい間での差別的扱いなどである。また「配偶者に対する暴力」とは、配偶者の身体に対する不法な攻撃であって生命又は身体に危害を及ぼすもの及びこれに準ずる心身に有害な影響を及ぼす言動をいう。要するに子どもの前で行われるDVは児童に著しい心理的外傷を与えるので、児童虐待であると宣言しているのである。

2　児童虐待の実像

（1）児童虐待は増えているか？

「児童虐待」は年々、増加を続け日本の子育て環境は悪化し続けていると毎年、報道される。本当にそうだろうか。厚生労働省は1990年から全国の児童相談所に寄せられた児童虐待通告件数を毎年、発表している。虐待通告件数は、年々、急角度で増加し続け一度も前年を下回ったことがない。これをみれば、児童虐待の悪化は明らかであるように見える。しかし、虐待通告は虐待の重さや真偽の区別はない「虐待の疑いを含む通告」の単純合計である。つまり、この数値だけを持ってし子どもに重大な害をなす児童虐待の動向の判断はできない。

　児童虐待通告ケースを厳密な重症度によった分類した統計は我が国にはない。現状で重症度を測る目安としては、児童相談所の選択した援助方法が一定程度、参考になる。児童相談所の児童虐待ケースへの援助方法は「施設入所」「児童福祉司指導」「継続指導」等、その重症度、支援の必要度に応じていくつかに分けられる。そのうち、「施設入所」は親子が一緒に生活することが不適切であると判断された場合であり、ケースの重症度は最も高いものととらえてよいだろう。厚生労働省福祉行政報告例では、児童相談所に寄せられた虐待通告の援助方針内訳の統計をとっている。その推移を見れば、増大する通告の大部分が面接指導（2014年は78,600件）となっており、児童福祉施設入所（同4,241件）や里親委託（同537件）という親子分離はほとんど増加していないことが分かる。

　児童虐待通告の増加は、深刻な児童虐待そのものが増加したというより、社会的関心が高まった結果とらえるのが妥当である。

3　児童虐待の原因

　児童虐待はどのような理由、背景があって発生するのだろうか。児童虐待と一口に言ってもその内容はさまざまなものがあり、その内容、背景は一つではない。児童虐待防止法は児童虐待を4つの類型に分けているが、この類型では児童虐待の様々な内容をとらえきれない。

　清水（2017）は、全国の児童虐待による死亡事件をその内容特徴毎に類型化を行った。児童虐待による死亡事件は大きく分類すると「身体的虐待」「ネグレクト」「殺害企図（子殺し）」の３つに分けられる。

　そして、児童虐待死亡事件が起きる理由は、大きく分けて次の４つに集約される。

　①生活困難、養育困難な状況にある親が起こすもの（「身体的虐待」「ネグレクト」）

　②子どもへの加害を積極的に行う危険な親が起こすもの（「身体的虐待」「ネグレクト」）

　③精神疾患他何らかのメンタル問題が大きく作用していると考えられるもの（「身体的虐待」「ネグレクト」）「殺害企図（子殺し）」）

　④子育ての悩みなど親が絶望した状況にあり、子どもを殺害するもの「身体的虐待」殺害企図（子殺し）

　家庭における子育ての危機は様々である。効果的な児童虐待防止対策のために、事例の特徴に応じたきめ細やかな援助が求められる。

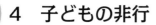

4　子どもの非行

1　非行問題とは何か

　少年非行とは、未成年者によってなされた犯罪行為、及びこれに類する行為と社会的に判定された行為である。警察庁生活安全局少年課による「少年の補導及び保護の概況」示す非行の具体例として殺人、強盗、放火、強制性交等などの凶悪犯、暴行、恐喝などの粗暴犯、侵入盗、乗り物（バイク、自転車など）盗などの窃盗犯がある。また深夜徘徊、喫煙、飲酒、家出、薬物乱用などの不良行為もある。

2　非行問題の現状

　非行については、少年による殺人など大きく報道される事件が発生した場合、少年犯罪の悪化が叫ばれる。しかし、少年犯罪の悪化の事実はなく、むしろ減少してきた歴史がある。

　刑事政策学者の浜井浩一（1960～）は殺人などの重大犯罪を中心に戦後の日本の非行を概観した（2007）。その結果、殺人で検挙される少年の数は，1965年ごろを境に急激に減少し，その後，安定して推移している。また、強盗や強姦についてもまったく同様の傾向が見られることを明らかにした。浜井は少年による重大犯罪減少の要因として少子化の進行を指摘している。

5　いじめ

1　いじめとは何か

　いじめとは、文部科学省の定義によると「児童生徒に対して、当該児童生徒が在籍する学校に在籍している等当該児童生徒と一定の人的関係のある他の児童生徒が行う心理的又は物理的な影響を与える行為（インターネットを通じて行われるものも含む。）であって、当該行為の対象となった児童生徒が心身の苦痛を感じているもの。」とする。なお、起こった場所は学校の内外を問わない。」とされている。

2　いじめの実態

　いじめはどれくらい発生しているのだろうか。いじめは顕在化しにく
く、また、どの程度からいじめと認識するべきかの判断が困難であるた
め、厳密な意味での実数の把握は困難である。しかし、いじめの把握無
くして解決はできないので、文部科学省は先のいじめの定義による調査
を毎年実施している。

　2018年度に認知されたいじめの調査結果は過去最多の54万3933件
であった。このうち命の危険や不登校につながった疑いのある「重大事
態」は前年度を128件上回る602件で、いじめ防止対策推進法の施行で
集計が始まった13年度以来最多となっている。2014年に施行された同
法の影響で教員、学校がいじめ問題に対する認識、取り組みを強めたこ
とは間違いない。今後「重大事態」の発生を予防する効果的な取り組み
が求められる。

【引用・参考文献】
木附 千晶 , 福田 雅章『子どもの権利条約ハンドブック』自由国民社、2016年
松本伊智朗編『子ども虐待と貧困―「忘れられた子ども」のいない社会をめざして』明石
書店、2010年
清水克之『生活困窮世帯で発生する児童虐待事例への援助方法の標準化に関する研究報告
書』済生会生活困窮者問題調査会、2017年
子どもの貧困白書編集委員会編『子どもの貧困白書』明石書店、2009年
藤岡淳子編『犯罪・非行の心理学』有斐閣、2007年
和久田 学『学校を変える いじめの科学』日本評論社、2019年

12章
子どもの家庭生活

1　家庭とその機能

　人類は、狩猟生活が始まったときから小集団で生活し、助け合いながら命をつないできた。そのころからある意味での家庭という単位が存在していることになる。では家庭とは何を意味する言葉であろう。広辞苑によれば「夫婦・親子などが一緒に生活する小さな集まり。また、家族が生活する所」とされている。家族が日々の生活を送る場が家庭ということである。家族とは、血縁関係によって結ばれた親族関係が中心であるが、最近ではその定義が広がりつつある。ステップファミリーや里親のように、必ずしも血縁関係ではない場合もある。また、一緒に暮らしているペットを家族としてみなす人も多くなっている。このように定義を広げて考えた場合、家族とは血縁関係だけでなく心情的に深いかかわりがある存在と考える方が現代には適しているようである。そして家庭とは、そのような家族がともに生活する場ということである。

　では、子どもが育つ場という視点から見た家庭にはどのような機能が存在するのであろうか。大きく分けると次の4つに分類される。

1　養育の機能

　最も基本的な機能であり、同時に重要な機能である。子どもの世話をし、子どもを養育することは、一人で生きる力のない子どもの生命を守り、その成長を保障することになる。種の保存のための本能的な機能ともいえる。身体的虐待や貧困などの問題がある家庭の場合、この機能が低下し子どもの生命が危機にさらされることになるのである。

2　保護・休息の機能

　家庭は、心身共にほっとできる場である。これは大人でも子どもでも同様であろう。家庭の外には知らない人がいたり、危険な場所があったり、と様々な危険が潜んでいるが、家庭は自分を守ってくれる家族で構成されているため、家に戻ると緊張がほぐれて心身ともに休息することができるのである。また、家庭に自分を受け入れてくれる家族がいることで、外では他者との関係に気を使っていても家庭では安心して素の自分でいることができる。家族の愛情に支えられている家庭に帰ることで、子どもは心身の疲れを癒し、翌日また元気に家庭の外に出ていくことができるということになる。この機能が低下している家庭の場合、子どもは精神的な安定を保つことが難しくなると考えられ、社会生活にも支障をきたす恐れがある。

3　生活文化伝承の機能

　家庭は、子どもが社会の中で生きていくために必要な行動様式や生活様式を身に付ける場でもある。例えば生活習慣のほとんどは家庭で身についていく。また、挨拶のようなコミュニケーション能力の基礎も家庭生活の中で、時に親が見本となりながら備わっていくものである。さらに家の手伝いをしながら生活の技術を身に付けたり、地域に残る文化、例えば郷土料理のようなものを引き継いだりというように、文化を親から子へ伝承していく場である。家庭は子どもが将来独立して生活していくための技術や文化を伝えていくことができる場なのである。しかしながら近年、この文化伝承の機能の低下が見られている。

4　生命倫理観醸成の機能

　物事の善悪や命の大切さ、といったことも、幼いころからの家庭生活の中で自然に身についていくものである。多くは親自身が持っている倫理観や生命、自然に対する畏敬の念などが強く反映される。このような感覚は、無意識のうちに子どもの中に根付くものであるため、幼児期からの親や家族の姿勢が大きな影響を与えるのである。例えば、お年寄りや自分より小さい子ども、体が不自由な人などに優しくする子どもに育つには、親や身近な大人がそれらの人に対して優しい姿を見せることである。子どもは親のそのような姿を真似て、いずれ同じように思いやりのある行動がとれるようになるのである。

2　少子化・核家族化

1　少子化の現状

　少子化が社会の中で深刻な問題となったのは 30 年ほど前からである。1990 年の「1.57 ショック」とは、前年 1989（平成元）年の合計特殊出生率が 1.57 人となり、「ひのえうま」という特殊要因により過去最低であった 1966（昭和 41）年の合計特殊出生率 1.58 人を下回った時の衝撃のことである。このときから国は少子化に対する対策を真剣に考え始めたのである。その後、少子化を解消するための様々な対策をこうじてきているが、現在のところどれも功を奏してはいない。

　我が国の年間の出生数は、第 1 次ベビーブーム期には約 270 万人であったが、2016（平成 28）年の出生数は、97 万 6,978 人となり、100 万人を

割った。国が策定した様々な対策は、全く効果を挙げなかったということになる。そして 2019（令和元）年 10 月より子育ての経済的な負担を軽減することで出生数を増やすことに期待して、幼児教育の無償化施策が開始されている。

2　核家族化の実態

　核家族とは、親と未婚の子ども、もしくは夫婦のみからなる世帯のことである。日本の伝統的な家庭形態は、長男の家族が親世帯と同居する三世代家族であった。戦前はこのような状態の三世代家庭が一定数存在していた。しかし、戦後になり三世代家族は減少し始める。

　1980 年代後半になると、核家族の割合は約 7 割となった。実は核家族の割合はこのころから現在までに大きな変化はしていない。しかし、国民生活基礎調査（平成 28 年版）によれば、核家族の内容には変化が見られる。1986 年から 2016 年の 30 年間の間に、親と未婚の子どもか

図 1　出生数、合計特殊出生率の推移のグラフ

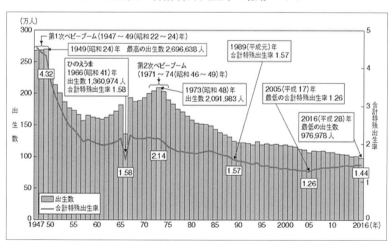

資料：厚生労働省

らなる核家族は約4割から3割に減少し、代わりに夫婦のみからなる核
家族が約1割増加しているのである。また、ひとり親と未婚の子どもか
らなる核家族も増加している。つまり、核家族の増加、と一言で言って
も、その内容は子どもを持たない夫婦が増加傾向にあることを認識して
おく必要があるだろう。子どもにとっては、近隣に子どものいる家庭が
減少しているということになる。また、親にとっては、子育てを共有し
たり、助け合ったりする仲間がいないということになる。

　核家族の減少に伴って三世代同居の割合も30年間で約1割減少して
いる。子どもを育てている核家族が抱える最も大きな問題の一つに、子
育ての援助をしてくれる親族が身近にいないことがあげられる。特に共
働きの家庭やひとり親家庭では、子どもが病気の時や、学校や保育所の
行事の時などに手助けをしてくれる存在がおらず、子育ての大きなハー
ドルとなっているのである。核家族は人口の多い大都市に多く、三世代
同居は地方都市にその割合が多い。そして三世代同居の多い地域は子ど
もの出生数が多いという実態がある。核家族への適切な支援対策が無け
れば、今後も子どもの数が増える可能性は低いと考えられる。

3　現代の家庭

1　共稼ぎ家庭の増加と子育て不安

　図3（共稼ぎの割合）を見ると、1980（昭和55）年には共稼ぎの世帯は、
女性が専業主婦である世帯の約半数ほどであった。しかし、共稼ぎ世帯
は増加し続け、1990年代になると専業主婦家庭とほぼ同数になり、現
在では共稼ぎ世帯が専業主婦世帯の倍近い数になっている。それに伴い
保育所に通う子どもの数が増え、現在では幼稚園に通う子どもより保育

図2 家族形態の割合

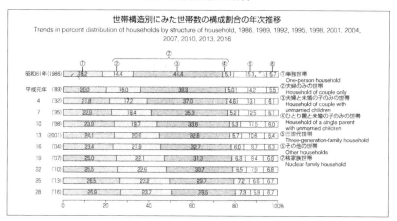

所に通う子どもの数の方が多くなっている。保育所の数は毎年増加しているものの、入所希望児の増加と保育者の不足により、現在都市部では待機児童問題が何年にもわたり解決されずに続いているのである。

　共稼ぎ家庭の増加により、父母は仕事のストレスや疲労と子育ての苦労を背負うことになる。もちろん過去の共稼ぎ家庭も同様の苦労があったわけであるが、前述の通り、現代では子育て家庭の減少や祖父母の援助が得られないことから、子育てに関する相談を気軽にする場が少ない。そのため、子育てに不安を抱えている親が非常に多いのである。近年、保育所や幼稚園の保育者の業務に子育て支援が含まれるようになった背景には、子育ての不安を抱えた親の増加がある。そういった意味では、保育所や幼稚園が、現代の家庭を支える大きな役割を担っている。

2　子どもの生活時間の問題

　幼児にとって理想的な生活時間とはどのようなものであろう。本来人間は朝日が出て明るくなると目覚め、日没後に暗くなると眠くなる仕組みになっている。大人の生活はそのようなわけにはいかないだろう

図3

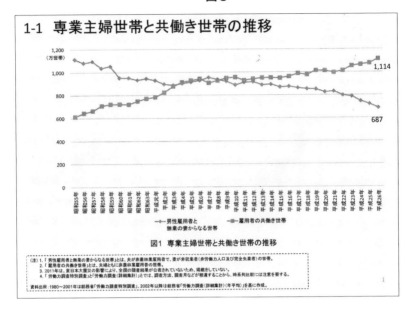

1-1 専業主婦世帯と共働き世帯の推移

図1 専業主婦世帯と共働き世帯の推移

（注）1.「男性雇用者と無業の妻からなる世帯」とは、夫が非農林業雇用者で、妻が非就業者（非労働力人口及び完全失業者）の世帯。
2.「雇用者の共働き世帯」とは、夫婦ともに非農林業雇用者の世帯。
3. 2011年は、東日本大震災の影響により、全国の調査結果が公表されていないため、掲載していない。
4.「労働力調査特別調査」と「労働力調査（詳細集計）」とでは、調査方法、調査月などが相違することから、時系列比較には注意を要する。

資料出所：1980～2001年は総務省「労働力調査特別調査」、2002年以降は総務省「労働力調査（詳細集計）」（年平均）を基に作成。

が、幼児期の子どもにとってはそれに近い生活時間が理想であろう。夜は 10 ～ 12 時間の睡眠時間を取り、朝は空腹で目覚め朝食を食べる。日中は十分に遊び、夜は 8 時ころに就寝するのが本来の望ましい生活である。しかしながら、実際の生活はこの状況からかけ離れている場合が少なくない。保育所での滞在時間が 11 時間以上となると、帰宅して夕飯を食べ就寝するのは 10 時を過ぎてしまうだろう。朝は親の出勤に合わせて 6 時ころには起きなければならず、夜間の睡眠時間は大人並みである。その分午睡で睡眠を補充しようと考える親もいるが、そもそも午睡と夜間の睡眠は質が違う。成長著しい子どもの時期は、夜間の睡眠を十分にとる必要があるのだが、実際には充分とは言い難い状況である。子どもの生活時間が、大人の生活時間に合わせる形で分断されている状況が生じているのが、現代の子どもの生活といえるだろう。子どもらしい生活時間を確保することが、大人の役割ではないだろうか。

3　家庭による格差

　これまで述べてきたように、子どもの数は減少の一途をたどっている
が、子どものいる家庭の実態としては格差が見られる状況がある。子ど
もにとってより良い教育や環境を与えることで子どもを幸せにしたいと
考える親がいる一方で、経済的に厳しく日々の食事にも困る貧困家庭が
存在するのである。子どもの教育に熱心な家庭では、早期教育に力を入
れたり、親子で様々な場所に出かけたりして、子どもに様々な経験をさ
せることに力を注いでいる。子育てを楽しみながら、子どもとともに生
活することを生きがいにしている家庭が少なくない。反面、貧困家庭で
は子どもの教育にかける金銭的な余裕はなく、子どもが体験する事柄は
非常に狭い範囲とならざるを得ない。このような家庭生活の差は、成長
とともに成績や生活習慣などに現れ、その差は徐々に大きくなってくる
場合が多いのである。

　家庭は子どもが育つ基盤である。どの家庭に生まれるかによって違い
はあるのは当然であるが、どの子どもも自分の力を十分発揮し、健全な
発達ができるように保障していくことが、今後の社会に求められる役割
になるだろう。

【引用・参考文献】
・厚生労働省政策統括官『グラフで見る世帯状況―国民生活基礎調査（平成 28 年）の結
果から―』2018 年
・林邦雄・谷田貝公昭監修　中野由美子編『保育者養成シリーズ家庭支援論』一藝社 2013
年
・松本園子・永田陽子・福川須美・堀口美智子著『実践課程支援論改訂版』ななみ書房
2014 年
・内閣府「平成 27 年版子供・若者白書」2015 年

13章
子どもの学校生活

1　小学校生活の特徴

1　1年生の学校生活

（1）スタートカリキュラムでゆっくりと

　小学校への就学は、子どもの生活に大きな変化をもたらす。保護者の送り迎えや園バスでの登園は、自宅から徒歩での通学に変わる。学校生活では、教室の中で自分の席に座って学習する時間が中心となり、自由度の高かった幼児施設での生活リズムと違ってくる。学校生活上のさまざまな規則やルールに従うことも求められる。このような大きな変化に戸惑い、小1プロブレムに陥ることがある。

　そこで、小学校では、入学直後から1〜2か月は学年としてスタートカリキュラム（入学直後の適応を考えたカリキュラム）にのっとった指導を進めていく。登校すると自分の持ち物の片づけのあとしばらく自由に遊ぶ時間を取る、45分の1時間を20分程度の時間で区切る、子どものつぶやきや発見を拾って学習課題を作っていくなど就学前の生活から急変させないようにしている。

　学年の先生方は、学級担任というより学年チームとしての意識をもって児童理解を進め、教材研究、指導方法などを共有していく。現在は、1年の学級の児童数は35人が上限なので比較的少人数での指導が可能だが、個別の支援が必要な子どもは数人在籍する現実があるのでスタートカリキュラムの考え方は重要である。一方、幼児施設では就学が近づくとアプローチカリキュラム（就学後の適応を考えたカリキュラム）に取り組んでいる。入学前後に必要な援助や指導を行って、どの子も少しずつ小学校の生活と学習に適応できるように相互に工夫している。

（2）さまざまな交流と行事

　小学校では毎年、上級生たちが1年生の入学を待ち望んでいる。新しい友達、新しい先生、新しい環境との出会いの中で6年生と1年生の交流は特別である。入学式直後から6年生が1年生のお世話に入るのは以前から行われてきた。登校班がある地域では近所の6年生が一緒に登校し、登校を見守る大人よりも近い関係で安全な登校をサポートする。また、朝の教室では6年生が一緒に片付けをしたり、読み聞かせをしたり遊んだりする。支援の必要な子どもにとっては、ほかの子どもに遅れないで行動できるようになり頼れるお兄さんやお姉さんになっている。6年生は休み時間も遊びの仲間に誘ったり給食の配膳や片付けを教えたりするなど、学校ごとに様々な交流を実践している。このお世話活動には、6年生が年齢差のある1年生を世話することで、どんな6年生にも自己有用感を実感できる教育的な意義がある。

2　小学校の学びの姿

（1）教科学習と学習形態

　1年生のスタートカリキュラムは、徐々に教科の学習へと移行する。教師は当初からどの活動にも教科のめあてをもって指導するが、子ども達にも「国語の時間だ」「次は音楽だね」と自覚されるようになる。それは1年生の学習意欲に応えることにもなる。一つの学習時間は45分になり、教科名で時間割に沿った一日を過ごすようになる。

　1・2年生の教科学習は、国語、生活、算数、音楽、図画工作、体育、道徳の7教科ある。3年生になると生活に代わって社会、理科が加わり、総合的な学習も始まる。5年生からは英語と家庭科も加わり10教科と総合的な学習に増える。

　子どもの興味・関心を大事にすること、一人ひとりの主体的な学習を目指すこと、協働的な活動などを取り入れる授業を工夫し実践している。生活科や総合的な学習だけでなくそれぞれの教科でも多くの場面で多様

に行われている。例えば国語の音読発表、算数の解き方の説明、社会のグループ課題の解決や発表などでは顕著に見られる。全学年を通して子ども達が一人ひとりのよさを生かし、解決の方法を考え、情報を集め、発表する機会が多くなっている。先生は教えるから支援するに役割が変わりつつあり、静かに先生の話を聞く学習はもちろんあるが、子ども達がそれぞれに活動するざわざわした学習が頻繁に見られるようになってきている。

（2）特別活動

特別活動（特活）は、教科学習とともに小学校では大きな意味がある。「集団や社会の形成者としての見方・考え方を働かせ、様々な集団活動に自主的、実践的に取り組み、互いのよさや可能性を発揮しながら集団や自己の生活上の課題を解決することを通して、次のとおり資質・能力を育成することを目指す。」（学習指導要領）ことが目標である。

なかでも学級活動では、身近な学級の場面での望ましい人間関係の形成や、集団生活の在り方などを話し合い、学年に応じて次のようなことに取り組んでいる。

① 学級目標　進級に伴い、どんな学級にするか話し合い、共有し、具体的な行動がイメージできるようにする。掲示物を今日で作成し、一人ひとりに自覚をもたせるようにすることも多く行われている。

② 係活動　集団の一員として学級の生活の向上のための仕事を分担し、協力して行う。1年生の一人一役（窓係、黒板係など）から学年に応じて創意工夫ができる係に発展する。学級文化の核にもなる。

③ 学級集会　みんなで楽しむ集会について話し合い、役割を分担し、協力して実践する。1年生では「誕生日会」「お楽しみ会」（ゲームや好きなことの発表など）がよく行われる。

特別活動は体験を通して学び、コミュニケーション力を伸ばし、友だちづくりや友だち理解、自己理解を深める大切な学習の機会である。

2　学校での友だち関係

（1）友だちの中で育つ社会性

　保護者や家族、保育者から温かく見守られていた幼児期から、小学校へ入るころには子どもの心身の発達は、自分の力を信じ、自分でできるという自信をもって自立へ向かおうとする時期にあたる。小学校の6年間に子どもは大人から少し離れて、同年齢の友達と関わりながら社会性を身につけていく。社会性は、社会的動物である人間がその社会に適応して生きていくために必要な力である。具体的なスキルとしては、①自分の考えや気持ちを相手に正確に伝える、②相手の考えや気持ちを正確に読み取る、③感情をコントロールすることである。例えば、遊んでいるとき主張がぶつかっても折り合う、ルールを守る、負けても悔しい気持ちをコントロールする、これらは実際の体験を通して実感しながら身につけていくものである。社会性が高いと、多くの友だちに認められ、遊びだけでなく学習やその他いろいろな場面で友達の協力や信頼を得て、楽しい学校生活を送ることにつながる。

（2）友だち関係の変化

　低学年、特に1年生は、まだ自分の世界が中心を占めていて自分のしていることに夢中である。周囲の友達の言動には気づかないことも多く、生来の優しい気持ちが周囲との摩擦を小さくしているようで相手を悪く言うことは多くない。困っている友達に優しくしたり泣いている友だちをなぐさめたりすることができる。一方で、自分の事を言葉で伝えたり、感情をコントロールしたりすることはまだうまくできないことがある。家が近所、幼稚園が同じ、席が近い、誘ってくれたなどをきっかけに友達になっていく。子どもは一緒に勉強したり係の仕事や当番をしたりしながら友達を知り、教師は友達関係を広げるように意図的な席替え

をしたり、授業にもグループ活動を取り入れたりして支援する。

　中学年になると、友だちはたいへん重要になる。学級内で気の合う者同士がグループを形成し、仲間意識が高まる。良いことも悪いことも一緒に行い、時に大人の言うことより友達の方が優先するギャングエイジと呼ばれる時期を迎える。最近は際立った反抗は減っているように見えるが、心理的には友達が大事になる時期である。子ども達は、放課後のスケジュールが塾や習い事で詰まっていてなかなか思うように遊ぶことが難しくなっているが、学校の休み時間も一緒に過ごし、放課後や休日には友達と少し遠くへ行ったり、好きな遊びやゲームをしたりして友情を深めていく。

　高学年になると、気が合うことはもちろんだが、互いの内面のよさや個性を認め合っての友達ができる。クラスが違っても心理的なつながりで友だち関係を続けることができるようにもなる。友達グループが大切であるということは変わらないが、あまりにグループの関係が強くなって他を排除するようなことが起きる場合がある。高学年になると、担任の前で見せる言動と見せない言動があるので、いじりやいじめにつながらないようにきめ細かく見る必要がある。また、グループ内でも心を許して悩み事を相談できるような親友を持つ子どもも増えていく。一方で、担任はいつも一人でいるような子どもには注意を払い、授業や時別活動の中で配慮していく。

3　教師との関係

（1）一人の子どもと担任の関わり

　1年生の教室では、朝の会の欠席調べで「Aさん」と呼ぶと「はい、元気です。」「Bさん」と呼ぶと「ちょっと眠いです」などと1対1のやり取りをする姿が多くみられる。学年が上がっても出席調べで一人ひと

りを呼名し、表情を確認することは多い。保護者からの連絡は、朝のうちに子どもが提出した連絡帳で確認している。体調や家庭のことで連絡があればその日の子どもに対応したり、場合によっては養護教諭や学年主任と情報を共有したりすることもある。担任は下校までに返事を書くのが保護者との信頼につながっている。

　学級担任は、毎日朝の会から帰りの会までほとんどの時間を子どもたちとともに過ごしているので、いろいろな場面で観察を続けている。学習の時間には、子どもの得意科目なのに発言がない、ノートを取らない、顔が下を向いているような時には、さりげなく声をかけたり、授業後に呼んで体調や心配事がないかを聞いたりしてみる。学習面での個別の対応は、普段は主として机間指導で行っている。わからないときに質問する子どもにはその対応でよいのだが、わからない子どもはなかなか言えないこともある。個別の学習になったとき、課題を理解しているか、考え方の方向は、ずれていないかなど指導の視点を決めて教室を回り、支援している。

　また、子どもたちにとって楽しみな給食時間にも食が進まない、無口になっているようなときは何か心配事がある時である。子どもたちの心配は、友達のこと、塾や習い事のこと、家族やペットの病気など学校のことばかりではない。少しでも共感して慰めたり励ましたりすることも担任ができる大切な役割である。さらに事態が深刻になり登校しぶりや不登校になると、家庭へ電話を掛けたり家庭訪問をしたりする個別の対応をとることになる。

（2）学級全体と担任の関わり

　学校では同年齢の子どもたちが学級で友達や先生とともに学級目標を掲げ、同じ方向に向けて様々な活動に取り組むことから学級文化が形成される。担任の考え方や方向性と子どもたちの意欲や関心が影響し合って、担任と学級全体の子どもたちとの関係が生じる。この時は、学年の

発達として望ましいレベルでの期待値（目標）に向かうことになる。苦手なことがあること、全員が到達できることではないことを含んで、仲良く・思いやり・規律・行動・努力・協力・自主性・人権などの価値を育む様々な取り組みが行われる。

　学級目標を話し合うときは、学校目標を参考にしながら学級としてどんなクラスにしたいかを話し合う。子どもの実態から協力、自主性、根気強さなどの価値観に気付くように教師のアドバイスが入ることもある。自分でできることを自分でする、係活動や委員会活動で責任をもって仕事をする、集会を楽しむなど生活規範や特別活動の取り組みにその場面がたくさん見出せる。

　低学年ほど担任と学級全体の関わりに担任の影響が大きく、学年に応じて変化していく。

4　昨今の学校生活

（1）新しい学習の取り組み外国語教育やプログラミング学習

　新学習指導要領の実施（2020年度）で5・6年生が教科としての外国語科が年間70時間増（2019年度までの外国語活動35時間はなくなる）、3・4年生は外国語活動が35時間増となり、3年生以上は時間割が1コマ増えることになる。これまでの英語活動で一定の成果があるものの一層の充実が求められている。ALT（英語指導助手）の活用、ICTの活用で指導の工夫が必要となる。　また、プログラミング学習も話題になっている。2020年度から実施となっているが、具体的な学年や内容は明示されず、算数や理科などで取り入れてみる例示があるにとどまる。

（2）子ども時間・子ども社会

　社会の変化によって学校教育に求められるものが増えていき、授業時

間が長くなっている。１年生の給食開始時期が早まり、午後までの授業も早まった。帰りぎわに「今日遊ぼう」と声を掛け合っていたが、今は「今日遊べる」とスケジュールの確認が定番である。塾や習い事に通う子どもが多くなり、地域で子ども達だけで遊ぶ機会も減っている。その背景に事故や事件から子どもを守る保護者の意識が高まり、程度の差はあるが、子どもは大人の管理下にいることが多くなっている。そんな中で、学校の休み時間は貴重な子どもの時間になっている。同じクラスだけでなく隣のクラスの子どもや時には上級生や下級生を交えた子ども集団ができてくる。

（３）外国人・外国につながる友達

　学校では、今後外国人・外国につながる友達の受け入れが進みそうである。今でも外国人や外国につながる子どもは以前より増えてきている。日本の習慣や学校生活に慣れないその子どもたちをどのように受け入れるかは大きな問題だが、各学校では、外国人・外国につながる児童と担任、学級の子どもとの関係の中で助け合っていくことになる。日本語が全く分からない場合にボランティアの通訳がつくことがあるが、十分とは言えない。最近は、スマホの翻訳アプリが多くの言語に対応できる良いツールになっている。日本人の子どもたちが日本の文化と違う友だちを排除せずに受け入れる指導と支援が必要となる。

【引用・参考文献】
　三浦光哉編著「５歳アプローチプログラムと小１スタートカリキュラム」2017年ジアース教育新社
　谷田貝公昭・村越晃監修「しつけ事典」2014年　一藝社
　文部科学省「小学校学習指導要領」平成2017年３月告示
　滝　充編著「ピアサポートで始める学校づくり　小学校編」2003年　金子書房
　近藤俊明・渡辺千歳・日向野智子編「子ども学への招待　子どもをめぐる22のキーワード」2017年ミネルヴァ書房

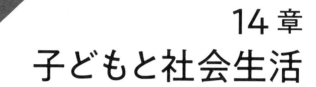

14章
子どもと社会生活

1　人間形成の場としての地域・社会生活

1　人間形成の場

　子どもの生活は、家庭および学校のみならず地域・社会生活をも基盤にして展開される。近隣の仲間関係や集団・社会などにおける遊びやさまざまな活動を通して、子どもは自然体験・勤労体験・社会規範の獲得・異年齢集団における人間関係の構築などの豊かな経験を獲得し、家庭や学校においては身につけることができない重要な事柄を学びとっていくのである。このような意味で地域・社会生活は、本来人間形成の影響・作用として働く場なのである。

　しかしながら、今日の社会生活における子どもの自己形成空間の消滅、地域共同体の解体、地域文化の混迷などが進行し、地域・社会生活における教育力は低下している。家庭の教育力の低下および学校教育の混迷が問題となる中で、家庭や地域における教育力・人間形成機能の再生が大きな課題である。

2　習い事と塾—親の意識に注目して—

1　幼児の習い事

　今日、家庭や地域を取り巻く環境の変化によって、社会全体において子育て力が低下し、習い事に子どもを通わせる親の教育意識も高まっている。ベネッセ教育総合研究所「学校外教育活動に関する調査」(2014年)

による幼児、小学生を習い事に通わせる親の意識の変化をみてみた。

(1)親の意識の変化

　子どもの教育に対する母親の意識において、子どもの発達とともに親の教育意識には変化がある。例えば、子どもの年齢が上がるにつれ「学校生活が楽しければ、成績にはこだわらない」や「子どものことは、子どもの自主性に任せている」といった回答が減り、それに対して「親の教育への熱心さが、子どもの将来を左右する」という回答は増える。つまり、子どもの活動や体験に対するおおらかな意識が後退し、その反対に、教育熱心な母親が増えていく傾向にある。

(2)親子での活動

　子どものスポーツや音楽、芸術活動に親（父親も含む）はどれだけかかわっているのかみてみると、「子どもといっしょに身体を使った遊びをする」は、年齢が低いほど、週1回以上の比率が高くなっている。逆に「子どもとスポーツの話をする」では、年齢が上がるほど、週2回以上の比率が高くなっている。音楽、芸術活動については、「子どもといっしょに歌ったり楽器を演奏したりする」「子どもといっしょに家で音楽をきく」のどちらも、年齢が上がるにつれて週1回以上いっしょにしている親子は減るものの、全体に占める比率は高いことがみてとれる。つまり、幼児の親が子どもの教育に興味をもち、とくに年齢が上がるにしたがって、積極的にかかわろうとしている。

　また、「子どもにいろいろな体験の機会を作るよう意識している」という親は、逆に年齢が低いほど多くなっており、小さい頃は、勉強よりも、体験を重視して子育てをしているようすがうかがえる。

2　小学生の習い事と学習塾―親の意識に注目して―

(1)親の意識の変化

　子どもの教育に対する母親の意識において、「学校が楽しければ、成

績にはこだわらない」という回答は、学年とともに減少し、「子どもの将来を考えると、習い事や塾に通わせないと不安である」という回答が逆に増えていく傾向にある。

小1生から小6生にかけて「学校の指導や取り組みに対して満足している」の回答が減る一方で、「子どもにはできるだけ高い学歴を身につけさせたい」は徐々に増えていく傾向にある。つまり、学校に対しては満足度が低下する半面、学歴の効用に対しては肯定的にとらえている。「学歴をつけさせたい」「学校の指導に満足できない」と考える母親が高学年になるほど増えている。単に現在子どもが受けている学校教育だけに満足できず、子どもの将来のライフコースとの関連で教育や習い事を考えている。

3　学習塾通いの子どもの生活習慣

学習塾通いの実態は子どもによって多様である。そこに見られる生活習慣にかかわる課題もさまざまである。学習塾に通っている子どもは、その子なりの生活リズムがほぼ確立している。学習塾のある日は、同じ時刻に同じことを繰り返している。保護者もとくに問題点を感じず、ただ「がんばっている、がんばってね」と励ましている。ところが、生活習慣とは怖いもので、リズムとして習慣化するとそれが当たり前のこととなり、本来のあるべき姿を見失ってしまう。例えば、食と睡眠の2つの点で生活習慣にかかわって大きな問題がある。

食事の時間が乱れる。学習塾に行く前に間食し、塾から帰ってからも食事をとる。しかも、一人で食べるという「孤食・独食」である。日常的には疑問や不安を意識することはないが、長い目で見ると、子どもの体力、健康の基本にかかわる問題を引き起こすことにもなりかねない。

就寝の時間（他の要因：深夜の携帯電話、ゲーム）が遅く、睡眠時間が少なくなる。このことは翌日の朝の食欲にも影響する。遅い起床にな

ると、脳の働きを考えると、学校・学業生活にも大きく影響する。子ども
の頃に十分な睡眠時間を確保することは、子どもの成長・発達にとっ
て重要なことである。

　これらは、人間として健全に育成していくために重要な課題である。
子どもには、生活習慣の改善や助言をもとに、自分のことは自分で考え
判断するという自己管理能力と結果に対する自己責任能力を育てること
が大切である。

3　子育てにおける社会生活

　青年から大人へ、そして結婚・出産・子育てに至る親への過程は、単
純ではない。つまり、大人になることと親になることの両面における難
題がある。親族、友人、近隣という身近な助け合いの関係から子どもの
生活に関する目的団体や機関・施設、行政を媒介とした関係までを含め
て、頻繁に子育てに関する活動が進められている。子育ての知恵、技術、
心性の伝え合いと分かち合い、そして生活する人間としての生活的・人
格的な自立と自律が、新たなネットワークやコミュニティという新たな
共同性の形成の内容として重視されている。もちろん、子どもの成長・
発達に第一義的な価値を見出しながらである。

　子どもの生活圏づくりや学校外教育と称されてきた目的のある諸取り
組みのほかに、現在、さまざまな形態の子育て支援に関与するものがあ
る。現在は、子ども会・少年団の子どもの組織づくり活動、子どものた
めの劇場・読書・映画などの文化運動、遊び場・体力づくりの運動、学
童保育、さらに公的施設を媒介としている児童館の実践、公民館での親
子のための実践、図書館での実践、不登校の子どもの居場所づくりの活
動などがみられる。これらは、子どもの権利条約（第31条：休息、余
暇及び文化的生活に関する権利）実現にも通じるものであり、真の公共

性を生かした公的条件整備を求める原動力となる。これらの取り組みでは、父母・住民が生活課題や地域課題の解決を図るとともに、子どもの自主性や集団的あるいは文化的な活動を支え援助する意図があるものである。公的施設の職員の地域への着目とそれへの連帯と援助の度合いに応じて、父母・住民の主体性が喚起され教育のための組織・集団づくりが進められたりもしている。教育主体としての地域・社会生活の意義がある。

1　子育て困難の根底にあるもの

　子どもが健やかに育ちにくい状況において、「姿勢が悪い」「持久力がない」「手先が不器用」「不定愁訴があり体調を崩しやすい」「わがまま」「耐性が弱い」「自己中心的」「キレル」「行動が衝動的」などというような状況がある。このような子育ての困難な根底には、大人と子どもを巻き込む生活の変化がある。子育て困難の中では、大人たちも生き難さを感じ、大きなストレスを抱えている。精神的にも肉体的にも余裕をなくした大人たちは、安定した状態で子育てをすることができないでいる。自らフラストレーションを募らせた大人は、落ち着いて子どもに関わり難いばかりか、イライラした感情を子どもにぶつける場合すらあり、子育ての困難さをも引き起こしているのである。

　著しい社会変動の中で、基本的な生活様式や生活リズムが急激に変化した。生活リズムは不規則かつ夜型となり、心とからだの健康を脅かしている。そして、そのことは子どもを巻き込み、従来、成長期の子どもにとって当たり前と考えられていた「早寝・早起きと十分な睡眠」「規則正しい食事」「からだと手を使った豊かな遊び」等は奪われ、これを保障することは、相当に個人的努力を要する状況となった。しかも、子育てをしている大人にとって、そのことに対する問題意識が欠落してしまったことも今日の子育て事情の大きな問題である。このような社会変動と生活様式の変化の上で、地域と家庭の育児文化が衰退していったと

言える。

2　子育て支援の在り方

　2006 年より、幼稚園と保育所とが一緒になった認定こども園の運営が開始された。これは、保護者が働いている、いないにかかわらず、就学前の子どもに幼児教育・保育を提供することや、地域におけるすべての子育て家庭を対象に、子育て不安に対応した相談活動や、親子のつどいの場の提供など、子育て支援を行うことを目的として制度化されたものである。

　子育て支援では、「子どもの育ち」だけではなく、「親の育ち」も支えるべきであると言われる。子育ては、教育・保育施設、行政機関、家庭がそれぞれに閉鎖的にあるいは独立して行うものではない。また、「子育て支援」といっても、教育・保育施設、行政機関から家庭に向けた一方的なものでもない。保護者と保育者とが、地域との結びつきを基盤として支え合い、助け合いながら、子どもの成長・発達を見守っていく体制こそが子育て支援であるべき姿である。そしてまた、成長・発達するのは決して子どもだけではなく、保護者や保育者も同じように子育てを通じて成長していくといった視点に立ち、子育て支援に取り組むことが重要である。

　(1)子ども・子育て支援制度

　今の子どもの置かれている環境は、決して楽観的なものではない。幼い頃から習い事や塾通いを強制して、子どもの生活の学校化をもたらし、子どもの生活地域である遊び場が奪われている。家庭も子どもの緩衝地帯になるどころか、子どもに安らぎを与えることもできない場となっている。

　子ども・子育て支援制度では、13 の「地域子ども・子育て支援事業」が位置づけられ、市町村子ども・子育て支援事業計画に従って各地域で

実施されている。また、幼保連携型認定こども園には子育て支援の取り組みが義務づけられている。

(2)子ども支援

乳幼児の保育だけではなく、学童期の子どもや特別ニーズが必要な子ども全般の支援が求められている。どこでどのような事業で行われようとも、子どもにとって最善の利益を考え、質の高い保育が求められる。保育の質を考える時、「子どもの発達に直接的な影響を与えると考えられる過程の質は、子どもと保育者、子ども同士、保育者と保護者、保育者同士のやりとりが中心にあるため、観察や評定が困難である。この保育過程の質をいかに観察し評価するかが保育の質評価の最大の課題」である。

子どもにとってどのような保育が望ましいのかについては、「保育所保育指針」「幼稚園教育要領」や「認定こども園保育・保育要領」に述べられている。日々の保育の中で、質の高い保育を保つためには保育者たちの研究・研修が必要である。園内研修を始め、日常的な保育者同士のコミュニケーションや自己研鑽が欠かせない。

(3)親支援

保育者は単に親から子どもを預かり、一日無事に終えるという考えではなく、親自身が子育てに自信をもち、楽しんで子育てをする姿を見出せることができる親に育てる責任があるといえる。親自身が単に自分の子どもの親であるだけではなく、地域の子育て支援のコーディネーター（先輩お母さん・お父さん）になり得るような事業を展開していく必要もある。保育者がそのような親に育てていかなければならない。

親支援は、親自身が主体的に参加し、他の親とも協働して子育てするやりがいや喜びを共有し、やがて自分たちで活動を進めていくことができるようになることが望まれる。

【引用・参考文献】
　ベネッセ教育総合研究所「学校外教育活動に関する調査」2014 年
　谷田貝公昭（責任編集）『図説子ども事典』一藝社 2019 年

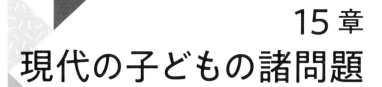

15 章
現代の子どもの諸問題

1　現代の子どもの基本的生活習慣と　身体的発達への影響

1　日本の子どもの生活リズムと健康

　文部科学省による学校保健統計（2018 年）によれば、身長別標準体重などから算出した肥満度が 20％以上である肥満傾向児は、5 歳の男児が 2.58 ％、女児は 2.71 ％を占め、11 歳では男児が 10.01 ％、女児は 8.79 ％と約 1 割の子どもが肥満傾向にあることが示されている。また、日本学校保健会の調査（2014 年）、によれば中学生の睡眠時間の平均値は男子 7 時間 25 分、女子 7 時間 10 分であり、世界的にみても睡眠時間が短いことが示されている。

　現代の子どもの食生活についてみると、朝食（夕食）を食べない、コンビニエンスストアやスーパーで買った食事が中心、ファミリーレストランやファストフードの外食が中心といった子どもの存在が調査研究等から示されている。家庭の食生活にかかわる意識や保護者の就労状況、経済的状況などによって子どもの食環境が大きく影響することを示唆している。食生活との因果関係をここでは示し得ないが、食物アレルギーをもつ子どもの増加とその対応について保育者・教育者は個別的に理解しておく必要がある。

2　スマホ時代がもたらす子どもの身体的、心理的発達への影響

　1990 年代後半とりわけ 2000 年以降、インターネットを介した私たちの日常生活は目覚ましい進展を遂げてきた。30 代以下の読者は、幼少期から携帯電話などのインターネットメディアを手にしてきたのではないだろうか。近年は ICT を活用した保育・教育が推進され、小中学生

のみならず、幼児教育の現場でもタブレットなどのメディアを活用した保育が展開されつつある。このようなインターネットを活用したマルチメディア社会は子どもたちの心身の発達にどのような影響をもたらしているのだろうか。ここでは、スマートフォンの使用と子どもの発達にもたらす影響について考える。

（1）養育者のスマートフォン依存がもたらす乳幼児への影響

　電車やバスなどの公共交通機関、病院やレストランなど公共の場で、乳幼児を抱えた母親がスマートフォンを手にして夢中になっている様子をしばしば目にする。乳児が母親の顔を覗き込んでいても母親はまったく気にかけず、ゲームやSNSに没頭している。もし子どもが泣きだしぐずりだせばスマートフォンに保存されている画像や動画を子どもに見せ、子守り代わりとして使用するといった具合である。状況によっては活用できるが、子守りのあらゆる場面でスマートフォンを用いることは、子どもと養育者間の愛着形成、子どもの言語発達、子どもの身体的発達に悪影響をもたらすと小児科医らが警鐘を鳴らしている（日本小児科医会）。この傾向は世界的にも問題視されており、2016年アメリカ小児科学会では18か月未満児のメディア接触を禁止し、18か月から24か月児には質の高いアプリを選択させるとともに、子ども一人での使用を避けること、2歳から5歳児には一日1時間以内の使用とする等の提言を示した。養育者がスマートフォンに夢中になると子どもへの「スマホネグレクト」にもつながる。五感を活用することが大切とされる乳幼児にとって、養育者によるメディア接触の問題は、保育者・教育者もつねに考えていかなければならない事柄である。

（2）小中高生のスマートフォン依存と発達への影響

　スマートフォンへの依存は、大人の問題だけではない。現代社会における小中高生にとっても、ゲーム、SNS利用、相手の位置情報の確認など、登下校中や遊びのシーンでは、かなりの頻度でスマートフォンが使われているようである。子ども同士ではコミュニケーション・ツールとして

図1　スマホ依存に対する啓発ポスター

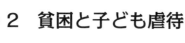

公益法人　日本医師会　　公益法人日本小児科医会

活用されているが、ゲームプレイへの傾倒、SNS を使ったネットいじめ、子どもにとって有害なインターネットサイトへの接続といった問題がある。保護者や教育者の立場から、子どもたちのスマートフォンの使用は、正しく適切な手続きで情報を得るといったリテラシー教育のありかたが求められよう。

◗

2　貧困と子ども虐待

1　貧困と子どもの健康への影響

　園や学校に来てしばらくたっても眠そうにしている子ども、授業に集中していない子ども、朝食を食べていない子ども、衣服が汚れていても

洗濯がされておらず擦り切れた靴を履いている子ども、ノートや筆記用具の学習用品が揃えられない子ども、近年、園や学校では、家庭の貧困と子どもの発達への影響に関する問題がいくつか挙げられている。この節では貧困と子ども虐待との関連性について考える。

　子どもの貧困の問題は、家庭の経済的な状況が大きく関連していることはいうまでもない。では、その経済的貧困をもたらす要因はどのようなことであるのだろうか。厚生労働省による国民生活基本調査によれば、2015 年における子どもの貧困率は 13.9 ％で、約 7 人に 1 人の割合で子どもが貧困状態におかれていることが示された。これをうけて、国内における経済的な格差と子どもの健康状態に関する調査として、世帯収入と食生活との関係、親の学歴と運動時間との関係、母親の喫煙の有無との関係など、数多くの経済指標をもとに示されている。また、武内は、乳児死亡率が 1000 人あたり 2.0 人（2016 年）でありながら、世帯職業別で比較すると、大企業、中小企業世帯と比較したとき無職の世帯ではその率が大きく上回ることを示した。このことはリスクの高い出産との関係が指摘でき、子どもの貧困とは家庭内の経済状況の改善だけで解決する問題ではないことを示している。さらに相対的貧困水準以下の子どもの割合は約 14 ％でありながら、生活保護の受給率はたったの 2 ％にとどまっていることも指摘している。子どもをもつ貧困家庭の現状が日本の社会福祉制度にほとんど反映されていない事実を課題として早急に検討し対応していくべきであるといえよう。

2　貧困と子ども虐待との関係

　昨今のメディアでしばしば報道される子ども虐待の問題は、なぜなくならないのであろうか。たんに、子どもを養育する保護者の問題として片付けてよいだろうか。子ども虐待の事例として身体的虐待、心理的虐待などが挙げられるが、ネグレクトのケースは深刻な経済状態が一因と

なって養育者の健康状態、精神状態に影響を及ぼすか、それとは反対の流れをたどるなど、健康状態と経済的状況の間の不安定な要因が子どもへの虐待を生じうることが指摘されている。その一方で、子ども虐待はひとり親家庭や生活保護世帯といった貧困家庭層に限ったことではなく、親の生理的要求が満たされない状況下において起こるものであり、家庭の経済状態が良好な場合にも、子ども虐待は起こっていることを指摘している研究もある。多様な視点から子どもの貧困の問題や虐待について考察する必要がある。

3　国際化と多文化共生社会がもたらす子どもへの影響

1　海外にルーツがある子どもの就学問題

　人の移動によるグローバル化の流れは日本においても目覚ましいものがある。日本では1989年の入管法改正によって就労に制限のない定住者が増加し、数多くの諸外国人が日本での生活を求めて居住する今日となった。この節では、海外にルーツがある子どもの教育に関する問題をとりあげる。

　先のとおり、勉学のみでなく就労の機会を求めて諸外国から訪日し定住する人の数は年々増加している。近年、就学年齢をむかえたにもかかわらず学校に通っていない子どもに外国人の割合が多いことや、特別支援学級の在籍者数を調査すると海外にルーツのある児童・生徒の割合が急増していることが明らかになった。これは外国籍の親の子どもの教育に対する価値観や外国にルーツのある子どもの日本語習得の問題と関連している。

2 海外にルーツがある子どもの日本語習得の問題

　外国にルーツのある子どもは家庭では親の母語で、園や学校では先生や友人と会話するために日本語を使用するといった具合で生活言語を用いる。しかし、小学校での教科学習が進むにつれ、国語をはじめとする教科書の文章が理解できず、クラスでの授業についていけなくなる。よって、日常会話には問題がなくても、日本語が未習得と評価され特別支援学級に進むといった例である。さらに彼らは日本語の習得が未達成の状況で高等教育の時期をむかえ、進学や就職の時期になって日本の文化や社会への適応に悩むケースも少なくない。

　子どもの学習は生活言語のみで保障されるものではないため、海外にルーツのある幼児・児童には日本語獲得への早期から支援のありかたが求められている。

3 異文化コミュニティの保障

　国内には就労を求めて移住した在日外国人のコミュニティもいくつか存在する。そのような海外からの定住者の子どもたちは、日本で生まれ育ちながらも、食、宗教、慣習的な事柄は親の母国の文化や生活上の慣習が継承されることが多い。海外で長らく生活していた人が受けてきた教育的な価値観や文化を知りつつ、日本の教育や文化を理解し親として子どもを育てていくことは大きな課題であろう。

　愛知県豊田市や群馬県大泉町は、早期から海外（ブラジル籍）の人々を就労者として受け入れてきたが、来日後に定住する外国人のコミュニティ形成や地域社会とのつながり、定住者への学習支援など、NPO などの協力を得ながら発展してきた。海外にルーツがある子どもたちが安心して日本で生活していくための取り組みとして意義深いものであると

考える。

4 子育て世代が抱える課題と 子どもの発達支援

1 都市化、個別化がもたらす子育ての困難さ

　現代の日本は居住地にかかわらず核家族化が進み、1980年代後半に
いったん収束した都市部の人口は再び増加傾向にある。経済的に豊かな
生活を送るために女性が長時間働くことがごく自然のこととなってき
た。共働き家庭の増加により、乳幼児期から子どもが親とともに過ごす
時間が短くなっている。名前、住所や電話番号、家族構成などの情報は、
2003年に「個人情報の保護に関する法律」が制定され2005年に施行さ
れてから、個々のプライバシーを保護するメリットがある一方で、隣人
やクラスメイトなどの共通した集団と深く交流し、助け合い支えあう機
会を得にくいという問題を生みだした。子育て世代にとって都市化や少
子化だけでなく、個別化が生まれコミュニティの形成と地域への活動参
加の機会を減らすこととなったものと考える。

2 子どもとの生活時間をめぐる子育て世代の悩み

　親世代が抱える悩みとして、「もっと長い時間子どもと過ごしたいが、
その実現は難しい」という声が数多く挙げられている。幼児期は保育所
での生活が長く、小学生以降になると多くの子どもが学習塾、習い事に
通うため、帰宅後の夕食時間と就寝までの時間は長いものではない。そ
の一方、子どもは親の生活時間にあわせて就寝、起床、食事をするといっ
た状況にある家庭は少なくないであろう。日本の現代社会では、共働き

する親と子どもの生活時間において相互が有効に過ごせる時間のありかたが求められている。

　子ども時代として生活する乳幼児期から青年期の間は、自らが備え持った能力だけで環境に適応しコントロールできるものではない。少なからず、子どもの親（保護者）をはじめとする周りの大人からの援助が必要となる。将来的には、どの時代においても子どもは健全かつ安心して日常生活を送る存在であるべきである。現代の社会で生きる子どもたちの中には、国際的、経済的、文化的、政策的、教育的な問題が起因して、その子どもの親や家庭にも影響し、子どもがもつ権利そのものが脅かされ保障されていないケースも生じていることが、この章をとおして示されたと思う。

　国や自治体による子育て支援の制度が拡充されながらも、同年代の子どもが共に遊び学ぶ場所、親世代が育児に関わる情報を交換し共有する場や機会が一部の子育て家庭にしか周知されず、利用されていないのが現状である。本当にニーズがある家庭への支援にむけて、福祉、教育が互いに連携し、取り組んでいくべき課題である。子どもをとりまくさまざまな課題は、個々の家庭や一人の子どもの問題として見過ごされるべきことではない。社会全体の問題として、その解決に向けて早急に取り組むべき課題である。

【引用・参考文献】
小島洋美『外国人の就学と不就学 社会で「見えない」子どもたち』大阪大学出版会、2016 年
中島匡博「スマホネグレクトされる子どもたち　ママのスマホになりたい」『児童心理』No.1066、2019 年
緒方靖恵・横山美江「経済格差と子どもの健康に関する文献的考察」『大阪市立大学看護学』15,17-25
武内一「子どもの貧困問題解決におけるケイパビリティー最適化の視点」『佛教大学社会福祉学部論集』15、2019 年、PP.61-70
築山欣央「多文化共生とコミュニティ」『慶應義塾大学法学研究会』91（1）、2018 年、PP.335-363
子ども虐待の手引き：厚生労働省　2019 年 10 月 25 日閲覧
https://www.mhlw.go.jp/bunya/kodomo/dv12/00.html

編著者紹介

谷田貝公昭（やたがい・まさあき）
　目白大学名誉教授
　[主な著者]『図説　こども事典』（責任編集、一藝社、2019 年）、『しつけ事典』
（監修、一藝社、2013 年）、『新版・保育用語辞典』（編集代表、一藝社、2016
年）、『絵でわかるこどものせいかつずかん全 4 巻』（監修、合同出版、2012 年）
ほか多数

大沢　裕（おおさわ・ひろし）
　松蔭大学コミュニケーション文化学部教授
　[主な著者]『教育の知恵 60』（編著、一藝社、2018 年）、『ペスタロッチー・
フレーベル事典』（共著、玉川大学出版部、2006 年）、『幼稚園と小学校の教
育―初等教育の原理』（共著、東信堂、2011 年）『コンパクト版　保育内容シリー
ズ　言葉』（編著、一藝社、2018 年）ほか多数

執筆者紹介

　　　　　　　大沢　　裕（おおさわ・ひろし）［1 章］

　　　　　　　金　　美珍（きむ・みじん）　　［2 章］
　　　　　　　　　埼玉純真短期大学専任講師

　　　　　　　谷田貝公昭（やたがい・まさあき）［3 章］

　　　　　　　谷田貝　円（やたがい・まどか）［4 章］
　　　　　　　　　流通経済大学非常勤講師

　　　　　　　西田　　希（にしだ・のぞみ）　［5 章］
　　　　　　　　　目白大学専任講師

　　　　　　　瀧口　　綾（たきぐち・あや）　［6 章］
　　　　　　　　　健康科学大学准教授

　　　　　　　野末　晃秀（のずえ・あきひで）［7 章］
　　　　　　　　　松陰大学准教授

　　　　　　　大﨑利紀子（おおさき・りきこ）［8 章］
　　　　　　　　　横浜高等教育専門学校教員

おかもと　みわこ　　　　　　[9章]
目白大学教授

渡辺　厚美（わたなべ・あつみ）[9章]
小田原短期大学准教授

福田　真奈（ふくだ・まな）　[10章]
横浜創英大学准教授

清水　克之（しみず・かつゆき）[11章]
広島文教大学准教授

髙橋　弥生（たかはし・やよい）[12章]
目白大学教授

野川　智子（のがわ・ともこ）[13章]
松蔭大学准教授

中島　朋紀（なかしま・とものり）[14章]
鎌倉女子大学短期大学部准教授

杵鞭　広美（きねむち・ひろみ）[15章]
有明教育芸術短期大学教授

新 子どもと生活

2020 年 3 月 15 日　初版第一刷発行

編著者　谷田貝公昭・大沢　裕

発行者　菊池公男
発行所　一　藝　社
〒 160-0014　東京都新宿区内藤町 1-6
Tel. 03-5312-8890
Fax. 03-5312-8895
http://www.ichigeisha.co.jp
info@ichigeishia.co.jp
振替　東京 00180-5-350802

印刷・製本　モリモト印刷株式会社

ISBN978-4-86359-211-7　C3037
落丁本・乱丁本はお取替えいたします。